ANNE E DÜNZELMANN

PETER WEISS — BREMER VERORTUNGEN

Bibliographische Information der Deutschen Nationalbibliothek
Die Deutsche Nationalbibliothek verzeichnet diese Publikation in der
Deutschen Nationalbiographie; detaillierte bibliographische Daten
sind im Internet über http://dnb.ddb.de abrufbar.

© 2016
Anne E Dünzelmann

Herstellung und Verlag   BoD – Books on Demand, D-22848 Norderstedt

ISBN 9783741293672

Grafiken und Umschlag: Bernd Lübbers
Foto Titel: vergl. Abb. Seite 19
(mit Ergänzungen, 11/16)

Kartenauszug Bremen

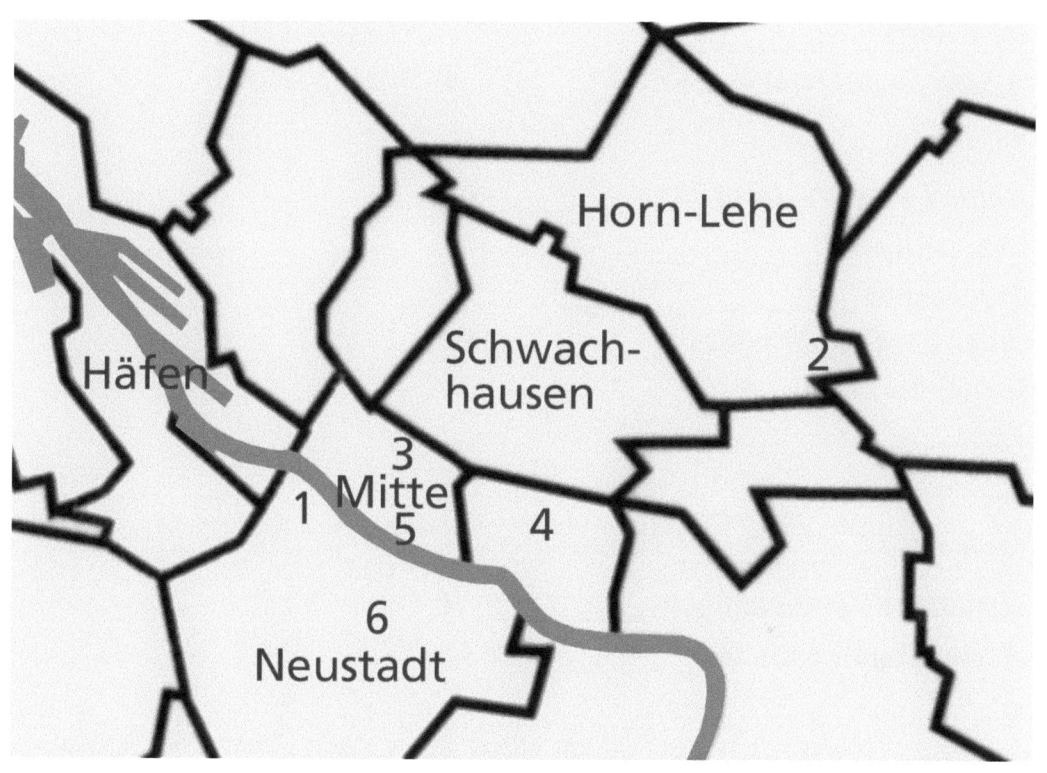

1 Grünenstraße
2 Marcusallee
3 Außer der Schleifmühle
4 Horner Straße
5 Sögestraße
6 Peter Weiss-Straße

Inhalt

I
Die Eltern _____ 7
Przemyśl und Nowawes _____ 8

II
Bremen – ein Neuanfang _____ 11
Grünenstraße _____ 11
Marcusallee _____ 20
Außer der Schleifmühle _____ 25
Horner Straße _____ 31

III
Von Ort zu Ort _____ 33
Nach 1945 _____ 37
Gespaltene Erinnerungen _____ 40
Bremer Reminiszenzen _____ 43

IV
Anhang _____ 46
Die Geschwister _____ 47
Dokumente _____ 48
Anmerkungen _____ 55
Abbildungsnachweise _____ 57
Bibliografie _____ 59

I
Die Eltern

Franziska Frieda Weiss
geb. Hummel, gesch. Thierbach
Geb. 1885 in Basel, gest. 1958 in Bad Oeynhausen, beerd. in Alingsås.
Frieda war die älteste Tochter eines protestantischen Uhrenfabrikanten aus Eningen unter Achalm bei Reutlingen. Er heiratete im schwarzwäldischen Furtwangen eine Katholikin, die bei der Eheschließung zum Protestantismus konvertieren musste. Zunächst lebte das Paar in Basel, wo auch die insgesamt sechs Töchter geboren wurden mit deutscher Staatsangehörigkeit (entsprechend dem Schweizer ius sanguinis), ab 1898 in Straßburg. Hier wurde Frieda Mitglied der Schauspielschule am Deutschen Theater. (PWA 1609) 1905 verheiratete der inzwischen verwitwete und äußerst strenge Vater die zwanzigjährige Frieda mit dem deutlich älteren, aber vermögenden Ernst Thierbach in Düsseldorf. Das Paar hatte zwei Söhne, Arwed und Hans. 1912 ließ Frieda sich scheiden und ging mit den Kindern und der Hausangestellten Auguste nach Berlin, wo sie in der Spichernstraße lebten.

In Berlin nahm Frieda unter ihrem Geburtsnamen Hummel die Schauspielausbildung wieder auf. Nach einem Jahr Unterricht wurde sie 1913 von Max Reinhardt entdeckt und am von ihm geleiteten Deutschen Theater engagiert. Sie avancierte zu einer beliebten und anerkannten Schauspielerin. Zu ihren Kollegen und Freunden gehörte u. a. Fritz Murnau. (Vgl. Weiss-Eklund, *Suche*) Zu ihm, dem offen Homosexuellen, gab es zwar eine freundschaftliche Beziehung, mehr aber nicht. Hingegen wurde sie heftig umworben von dem gleichaltrigen österreichischen Textilkaufmann Eugen Weiß.

Eugen Weiß (Jenö Weisz)
Geb. 1885 in Nitra, Westslowakei, gest. 1959 in Gent/Belgien, beerd. in Alingsås.
Eugens Vater, ein jüdisch-orthodoxer Getreidehändler, ging mit der Familie 1895 nach Wien und schrieb sich fortan Weiß. Hier ließ sich Eugen zum Textilkaufmann an der Export-Akademie ausbilden. Danach war er in der Exportabteilung einer nordböhmischen Spinnerei und Weberei tätig, anschließend in Wien Verkaufschef. Von 1909 bis 1914 lebte er in Südamerika und konnte dort langanhaltende Verbindungen knüpfen. 1914 hielt er sich in Berlin auf, wo er während einer Theatervorstellung sich in die

Schauspielerin Frieda Hummel verliebte und sie heftig umwarb. Die Verlobung mit ihr bedeutete auch die Trennung von seiner damaligen jüdischen Freundin in Wien.

Przemyśl und Nowawes[1]

Der Ausbruch des Ersten Weltkriegs veränderte die Situation dramatisch. Frieda blieb in Berlin, während Eugen als k.u.k. Oberleutnant in der Garnison Lemberg (Lwiw) eingesetzt wurde, und zwar in der von einem Festungsring umgebenen Stadt Przemyśl. Schon bald musste nach starker Belagerung von September 1914 bis März 1915 durch russische Truppen der Festungsbereich aufgegeben werden. Im Sommer 1915 wurde Przemyśl zurück erobert.

1 *Beschädigtes Fort in Przemyśl* 2 *Frieda + Eugen Weiß nach der Heirat 1915*

Die damit verbundenen Kämpfe veranlassten Eugen am 5. Mai 1915 ein Testament zu verfassen. (PWA 1612) In *Fluchtpunkt* zitiert Peter Weiss neben einigen Verfügungen diese im Brief enthaltenen Textstellen: »Mein sehnlichster Wunsch war, noch einmal aus diesem Krieg nachhause zu Dir zu kommen (...) Die Sachen in meiner Wohnung sind alle zu deiner Verfügung. Und der Ring von dir, den ich am Finger habe, ich hoffe, du erhälst ihn wieder«. Nach einer schweren Verwundung in den Kampftagen Anfang Juni ließ er das Testament mit einem Feldpostbrief seiner Verlobten Frieda zustellen. Sie holte Eugen umgehend unter vielen Mühen zur Gesundung nach Berlin. Im August heirateten beide mutmaßlich nach jüdischem Ritus in einer Berliner Synagoge.

Während Eugen zu seinem Regiment in Przemyśl zurückkehrte und dort eine Militärwerkstatt leitete, bezog Frieda mit ihren zwei Söhnen und Auguste in Nowawes an der damaligen Berliner Straße Nr. 146 eine von vier Wohnungen in der Villa Tannwald. Das zugehörige Wohngebiet liegt zwischen Bahnstrecke und Griebnitzsee und weist eine lockere Bebauung mit Gartengrundstücken auf. In diesem Haus wurde am 8. November 1916 das erste Kind der Eheleute Weiß mit Hilfe einer Hebamme geboren: Peter Ulrich. Da dieser nach der Geburt nicht beschnitten worden ist, wird es auch keine Kontakte zu einer Synagogengemeinde im Raum Berlin gegeben haben. Nach der anscheinend sicheren Verlagerung der Front Richtung Osten hielt sich auch Frieda mit Familie von April 1917 bis kurz vor Kriegsende in Przemyśl bei ihrem Mann auf, unter Beibehaltung der Wohnung in Nowawes.

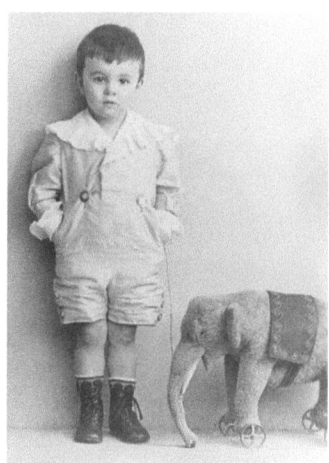

3 *Geburtshaus Berliner Straße 146*
(aktuell Rudolf-Breitscheid-Str. 232)

4 *Peterle mit Elefant*
um 1919

Gegen Endes des Krieges reiste EW nach Bremen, um dort im Auftrag des Militärs geschäftliche Transaktionen zu erledigen. Möglicherweise war damit der Plan vebunden, den späteren Wohnsitz in die Handelsstadt Bremen zu verlegen und sich dort eine Existenz dank seiner Beziehungen aufzubauen. Er quittierte seinen Dienst in der aufgelösten habsburgischen Armee und nahm bei der Gründung der ČSR die tschechoslowakische

Staatsangehörigkeit an, die dann auch Peter und die nachfolgenden Geschwister erhielten. Zu diesem Zeitpunkt hielt sich Frieda mit den Kindern ebenfalls im Bremer Raum auf, so im Hotel Nordischer Hof in der Bahnhofstraße 13/14, Ecke Breitenweg. Wegen der November-Revolution 1918 kehrte sie allerdings 1918/19[2] mit den Kindern wieder nach Nowawes zurück, wo sie bis zum Herbst 1919 blieb. Danach lebten alle erneut in Bremen, und zwar zunächst in einer Fremdenpension in der Straße Fedelhören 51(?). Dort freundeten die Eltern sich mit Fritz Wiegand an, der in *Abschied* öfters genannt wird und den Peter damals als eine Art Vateridol ansah.

Zur Erinnerung an den Aufenthalt von Peter Weiss in Nowawes wurde auf Beschluss der Stadtverordnetenversammlung in Potsdam an seinem Geburtstag 8. November 2010 der Peter-Weiss-Platz eingeweiht. Das Geburtshaus von PW in der heutigen Rudolf-Breitscheid-Straße 232 wurde inzwischen vollständig renoviert und befindet sich in Privatbesitz. Im Eingangsbereich des nunmehr denkmalgeschützten Hauses weist eine Tafel auf Peter Weiss hin.

II
Bremen – ein Neuanfang

Mit dem Umzug nach Bremen setzte ein Prozess ein, der den Kindern einiges an räumlicher Um- und Neuorientierung abverlangte. In Bremen verortete sich die größer werdende Familie in den nächsten 10 Jahren in vier unterschiedlichen Habitaten, so wie es ihren sozio-ökonomischen Verhältnissen entsprach. Signifikant ist, dass Bremen keine ganzheitliche Folie bildete. Jeder Wechsel von einem Habitat in ein anderes machte eine Neuverortung notwendig und führte zum Abbruch mit dem Gewesenen. Denn jeder Stadtteil besaß eine eigene Struktur, die Gegangene ausschloss. Hier werden die Verortungen Grünenstraße, Marcusallee, Außer der Schleifmühle und kurz Horner Straße aufgezeigt, in Verknüpfung mit den tatsächlichen Fakten. Jeder Stadtteil war ein Raum, der PW zum Teil stark beeinflusst und auf sein Schaffen eingewirkt hat. Das trifft in besonderem Maße auf das Neustädter Zeitfenster zu. Denn als »grundlegende Bilder« haben sich die »Fabrikgebäude, Werften, Hafenanlagen« in sein Gehirn eingeritzt und sind »in Träumen ganz deutlich wieder heraus[ge]kommen«, so PW anlässlich der Verleihung des Bremer Literaturpreises. (Emmerich) Von daher erhält die Zeit in Bremen auch ihre spezifische Relevanz.

Grünenstraße
in der Alten Neustadt

Die Neustadt wurde im 17. Jahrhundert als Stadterweiterung am linken Weserufer angelegt und mit Befestigungsanlagen versehen, um die Stadt und den Hafen zu schützen. Später wurde das Areal Alte Neustadt zum Stadtteil Neustadt mit mehreren Ortsteilen erweitert. Ende des 19. Jahrhunderts entstanden auf dem zugeschütteten Neustadtsgraben Grünanlagen sowie Kasernen und Exerzierplätze. Die Alte Neustadt gehört nicht zum Hafenbereich, der befindet sich jenseits der Bahnstrecke auf der rechten Weserseite (aktuell Stadtteil ›Häfen‹), war aber vom Hafen geprägt. Weserseitig wurde sie seinerzeit durch eine Eisenbahn-Drehbrücke abgegrenzt, der letzten Brücke vor der Nordsee. Auf der neustädtischen linken Seite und jenseits der Bahn liegt gut erreichbar der Mitte des 19. Jahrhunderts als Winter- bzw Sicherheitshafen angelegte Hohentorshafen. Mit dem Bau der Hafenanlagen auf der rechten Weserseite seit Ende des 19. Jahrhunderts entwickelte er sich zum Werftstandort mit kleineren Betrieben. Größere Werften wie die AG „Weser" lagen weit entfernt auf der rechten Weserseite flussabwärts. Südlich der Brücke ist die Weser nur noch für Binnenschiffe bzw. Lastkähne, Ausflugsschiffe und Boote schiffbar. Die dortigen Anlegestellen und Löschanlagen für das Braugewerbe gehören ebenfalls zum Hafenbereich. Die demografische Struktur war kleinbürgerlich geprägt und keineswegs proletarisch. Beispielhaft dafür war die Grünenstraße mit ihren unterschiedlichen Bewohnern.

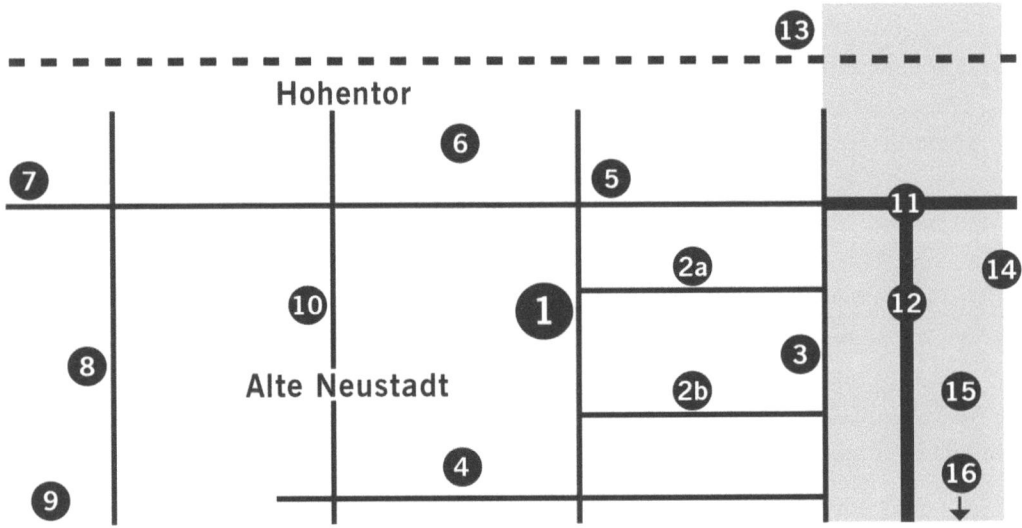

1 Grünenstr. 23	6 Grünenkamp	11 Kaiserbrücke
2a Häschenstraße	7 Kleine Allee	12 Teerhof
2b Kurze Straße	8 Neustadtswall	13 Hohentorshafen
3 Am Deich	9 Kasernen	14 Stephaniviertel
4 Brautstraße	10 Osterstraße / Westerstraße	15 Weser, li. Kleine W.
5 Große Allee		16 Große Weserbrücke

In Bremen wurde Eugen Weiß Teilhaber der neugegründeten Firma H. W. Hoppe, E. Weiss & P. C. van der Tas, die 1920/21 ein Kontor in der altstädtischen Sögestraße 46 einrichtete. Mit dem damit verbundenen Eintrag am 31.5.1920 in das Handelsregister wurde er gleichzeitig auch einfaches Mitglied der renommierten Handelskammer und gehörte somit zur bremischen Kaufmannschaft. Im Gegensatz zur formalen Schreibweise ›Weiß‹ (vgl. *Bremer Adressbücher*) trat EW im geschäftlichen Leben als ›Weiss‹ auf, wie aus den Akten des Handelsregisters hervorgeht. Das wohl auch den internationalen Beziehungen der Firma geschuldet. Zum 31.12.1921 schied van der Tas als Gesellschafter aus, die als offene Handelsgesellschaft gegründete Firma nannte sich nunmehr Hoppe, Weiss & Co. In den nachfolgenden Jahren kamen weitere Gesellschafter hinzu und traten wieder aus. (StAB 4,75/5-1373)

Zum Jahreswechsel 1919/20 bezog die Familie das Haus Nr. 23 in der Grünenstraße und lebte endlich wieder zusammen. Zuvor wohnte dort der Zigarrenfabrikant und Bürgerschaftsabegordnete Friedrich Garves (nach dem inzwischen nahebei eine kleine Straße benannt wurde) mit Angehörigen. Die Entscheidung für eine zunächst preiswerte Bleibe in einem weniger reputierlichen Viertel war klug und pragmatisch durchdacht. Dadurch wurde der Erfolgsdruck des Neubeginns minimiert, konnte die wirtschaftliche Vorwärts-Entwicklung unbelasteter bewältigt werden. Leider liegen für den Zeitraum 1920 bis 1930 keine Meldeunterlagen vor, die entsprechenden Bürgerbücher sind immer noch verschollen. Daher können die genauen Umzugszeiten nur mutmaßlich benannt werden. In dem noch im Staatsarchiv Bremen vorhandenen Register zum Bemerkungsbuch zu den Bürgerbüchern ist kein Eintrag betreffend Eugen Weiß verzeichnet. (StAB 2-P.8.-X.44)

Wohl zu den ersten und bleibenden Eindrücken des etwa dreijährigen Peters dürften die Nachwirkungen der Kämpfe um die Räterepublik gehören. Selbst hat er sie nicht miterlebt. Als (wenig verlässlicher) Augenzeuge konnte er aber aus dem Mansardenfenster und auf den Spaziergängen mit Auguste die noch andauernde Präsenz des Militärs auf dem Exerzierplatz und in den Straßen beobachten. Denn es waren »Unruhen in den Straßen, und Schüsse krachten«. (*Abschied*) Der Halbbruder Arwed trat als Jugendlicher der Weißen Garde bei und gehörte wohl zu denen, die sich auf dem Domshof meldeten und bei der Schwarzen Reichswehr in den nahen Kasernen ausgebildet wurden. Aus Erzählungen und Informationen filterte PW später die Geschehnisse im Februar 1919 zu diesem auf dem Arm der Mutter erlebten und vom autobiografischen Wunschvater wiedergegebenen fiktionalen Ereignis:

Die Innenstadt wurde besetzt von den Weißen Garden. »Auf der Weserbrücke hatten sich unsere Einheimischen verschanzt, wir versuchten, uns durchzuschlagen zum Arbeiterrat in der Werft (...) ein Militärzug, hieß es, war auf dem Weg zur Eisenbahnbrücke, um das Stephanitor zu versperren. Während des Berichts meines

Vaters sah ich die Kaserne vor mir, die roten Ziegelsteingebäude um den Exerzierplatz, die gestutzten schwarzen Bäume am Gitterzaun, das Tor mit den Schilderhäusern. (...) Bei St. Pauli, am Neuen Markt, in der Johannis Straße wurde geschossen, aus den Seitenstraßen, über die Dächer, die Gartenmauern, kamen die Aufständischen, die abgeschnittnen Revolutionäre«. (*Ästhetik*)

Er selbst als Narrator vermeinte sich an einen über das Dach flüchtenden Mann zu erinnern. Daran, dass seine Brüder durchs Haus stürmten, dass Bewaffnete in den Garten liefen und ihn herunterschossen. (*Abschied*) Doch während dieser Rückzugskämpfe im Februar 1919 lebte Peter noch in Nowawes.

5 *Kaserne III, Infanterieregiment um 1919*

6 *Hohentorshafen in den 1920ern*

Das nunmehrige Zuhause war nach PWs Beschreibung in *Abschied* ein schmales »hochgiebliges« Reihenhaus und dem Schema des sogenannten Bremer Hauses[3] entsprach. Es ist anzunehmen, dass es vom Grundriss her so aufgeteilt war: Zwischen Außen- und Wohnungstür befand sich ein Windfang; ein enges dunkles Treppenhaus verband alle Stockwerke; im Souterrain gab es Abstellräume, ein Zimmer und eventuell die Küche, im Hochparterre zwei bis drei Räume, in der ersten Etage zwei große und zwei kleine, in der Mansarde Kammern. In der Grünenstraße gab es allerdings keinen Vorgarten, also auch keinen Gartenweg mit Pforte, durch die Peter auf die Straße schauen konnte, wohl aber in der Marcusallee. Vom Haus nahm er eine Glastür mit roten und blauen

Scheiben, einen schwarz-weiß gemusterten, harten und kalten Steinboden, eine dunkle Treppe wahr. In Erinnerung blieb ihm die am Ofen zugezogene Kopfverletzung. (*glasdörr*)

Empfand Peter das Haus als eine Zuflucht? In der Erinnerung war es ihm fremd, er fand sich darin nicht zurecht. »Im Haus herrschte das Dumpfe, das Eingeschlossene, und meine Sinne waren gefangen.« Das Draußen bot ihm Freiheit, den Garten konnte er an sich nehmen. »Hier draußen öffneten sich meine Sinne, und als ich in die Laube trat, trat ich ein in ein Reich, das nur mir gehörte, mein selbstgewähltes [erstes] Exil.« Er liegt ausgestreckt unter den Büschen, fühlt die Erde, schmeckt sie. (*Abschied*) War das Glück für ihn?

Ein weiteres wichtiges Erinnerungspotenzial umfasst das Habitat Grünenstraße und ›umzu‹. Für das fantasievolle Kind Peter lief in den Straßen und Durchgängen zum Weserdeich hin ein spannender, die Sinne anregender Film ab. So war die Straße im grünen Abendlicht »voll vom Rollen der hoch mit Fässern beladenen Wagen, die Hufe der schweren, zottigen Pferde schlugen Funken aus den Pflastersteinen, die Kutscher schnalzten mit der Zunge und ließen die Peitsche knallen, und von den Brauereien her schwelten die Wogen eines schweren, süßen Geruchs«. (Ebd.) Aber auch der Duft frisch gerösteten Kaffees.

Im Draußen der Straßen wurde die Grünenstraße und ihr Umfeld für Peter zu einem stark prägenden Raum. Was daraus resultiert, dass es zwar ein kleinbürgerliches, aber vor allem ein lebendiges, durchmischtes Quartier voll alltäglichem Leben war. Beispielhaft bot sich ihm die nähere Nachbarschaft 1921 so dar: Im Haus Nr. 20 lebten ein Schausteller und ein Schankwirt, in Nr. 21 ein Glasermeister, in Nr. 22 ein Lehrer und eine Witwe, in Nr. 23 E. Weiß, Kaufmann, daneben (Nr. 24) ein unbebautes Grundstück, das als Einfahrt genutzt wurde, in Nr. 25 wohnte ein Buchbinder und im Souterrain der Maschinist M. Merz, mit dessen Sohn Berthold (1912-1998) Peter befreundet war, Nr. 26 grenzte an eine Fabrik in der Häschenstraße, die sich neben dem Eichamt befand. Die das Grundstück umfassende Mauer stieß an den Garten des Hauses Grünenstraße 23. Schräg gegenüber von diesem lag in Richtung Große Allee die Maschinenfabrik Bestenborstel.

Das erweiterte Umfeld war gekennzeichnet durch Packhäuser, in denen z. B. Baumwolle und Tabak gelagert wurde, Handwerksbetriebe, kleine Fabriken, Schankwirtschaften, Kontore, abwechselnd mit niedriggeschossigen Wohnhäusern. Am oberen

Ende der Grünenstraße hin zum Friesenwerder bzw. der Bahnlinie befanden sich die Packhäuser der am Deich gelegenen Brauereien Germania (Dressler), Haake-Beck, Remmer und Kaiser-Brauerei sowie das Kontor der St. Pauli-Brauerei. Hier lag auch der Grünenkamp, wo von Ende des 19. Jahrhunderts bis 1934 alljährlich im Oktober der Freimarkt stattfand. Die am Weserdeich entlang führende Straße wies ebenfalls eine durchmischte Struktur auf, wie überhaupt das gesamte Quartier. Hier an der Weser befanden sich auch Schiffsanlegestellen mit Löschvorrichtungen für die Brauereien, die zum Hafengebiet gehörten. Jenseits der Bahnstrecke Richtung Oldenburg lag der Hohentorshafen, für Peter ebenfalls ein prägender Ort. Auf der rechten Weserseite das Stephaniviertel mit seinen schmalen Straßen, den Packhäusern und Arkaden.

7 *Im Stephaniviertel: Blick auf Weser und Eisenbahnbrücke*

8 *Packhäuser auf dem Teerhof*

Jahrzehnte später rekonstruierte PW, unter Inklusion der Erinnerungen seines ›Wunsch‹vaters, das damalige Ambiente des Quartiers. Ein in der *Ästhetik* beschriebener fiktiver Gang führte die beiden von der Innenstadt über die Weser hin zur Brautstraße und von dort links in die Grünenstraße. Es ging vorbei an »Ziehms Schlachterei, Mertens Milchhandlung, die schmale, zum Deich abbiegende Gasse, die Kurze Straße [heute Papagoyenboom] hieß, dann ein paar Schänken, Packkäuser, Pferdeställe, die Werkstatt des Glasermeisters Bachmann, und hinter unserem Haus, Nummer Dreiundzwanzig, die ummauerten Höfe der Schieferfabrik, der Kaffeerösterei, das Gebäude des Eichamts.«

Eindrucksvoll waren und blieben für ihn die Spaziergänge mit Auguste. An ihrer Hand ging er hinaus in die Straßen. Mit »ihren Packhäusern, an deren Fassaden die Ketten der Hebebäume rasseln, und in deren Lasträumen zwischen Kisten und Säcken Gestalten sich im ungewissen Licht bewegen.« Mit Auguste eroberte er sich den nahen Raum, sie drangen »ein in die Gassen, Arkaden und verborgenen Plätze«, kamen zu den Deichanlagen und gerieten in den (Hohentors-)Hafen und vielleicht über das Stephaniviertel hin zum Europahafen, »wo die Maste der Schiffe vor dem rauchigen Himmel standen, wo die Wasserreflexe auf den Bordwänden flimmerten«, die Lastkräne kreischend die langen Hälse drehten. Bilder, die ihn in Träumen begleiteten. (*Abschied*) Und sich in den Träumen veränderten, vielleicht in eine Parallelwelt verwandelten.

Bei ihren Gängen konnten Auguste und Peter vom Hohentorshafen aus gut hinüber zum eigentlichen Hafengebiet mit Europahafen, den Ladekränen, Schiffsaufbauten und Speichergebäuden blicken. Von der Straße Am Deich gab es Sicht auf die Eisenbahnbrücke, das Stephaniviertel, die Kaiserbrücke und die Halbinsel Teerhof zwischen Weser und Kleiner Weser. Dorthin kam man über die kleine Weserbrücke oder die Kaiserbrücke. Der Teerhof mit seinen zahlreichen Packhäusern gehörte ebenfalls zur Alten Neustadt und wurde erkundet. Ebenfalls über die Kaiserbrücke kamen die beiden sicherlich auch zum Stephaniviertel und vielleicht zum Euopahafen.

Gegenüber der Grünenstraße in der Brautstraße benennt PW in den *Notizbüchern II* eine von seinem Freund Berthold angeblich besuchte Schule. Es handelte sich hier um eine private Vorschule von der ersten bis zur dritten Klasse zur Vorbereitung auf das Gymnasium, keinesfalls um eine öffentliche. Allerdings war sie eine Filial-Einrichtung der in der Westerstraße Nr. 37 befindlichen Volksschule. War es nicht eher diese von Berthold besuchte Schule oder die Bulthauptschule am Neustadtswall? Gegenüber der Chocoladefabrik Hachez befand sich unter Nr. 33 die Kaserne VI der Regierungsschutztruppe Bremen, von PW aber nicht explizit erwähnt.

Links von der Grünenstraße aus gelangten Auguste und Peter über Brautstraße und Kleine Weserbrücke zur Herrlichkeit auf dem Teerhof und von dort über die Große Weserbrücke in die Altstadt mit dem Roland auf dem Marktplatz. Rechts von der Grünenstraße ging es in der Brautstraße an der Gaststätte vorbei, die Friedrich Ebert für einige Jahre vor seinem Mandat als Reichstagsabgeordneter unter dem Namen *Zur gu-*

ten Hilfe gepachtet hatte. Mit ihrem großen Versammlungssaal war sie ein Zentrum gewerkschaftlicher und politischer Arbeit. Weiter ging es zum Neuen Markt (Schweinemarkt) mit seinem auch als Pferdetränke genutzten Brunnen. Am Neustadtswall/Ecke Schulstraße nahe den Kasernen I, II, III, IV und V befand sich die kleine Neben-Volksschule (Bulthauptschule).

Zusammen mit seinem literarischen Wunschvater besuchte er das Städtische Museum für Natur-, Völker- und Handelskunde (Übersee-Museum) am Bahnhofsplatz. Sie traten »in die Halle, vor die Pfeilerreihen, die, unterm hohen Glasdach, weit in die Tiefe der Kontinente führte. Geschnitzte Pfähle, [Duk-Duk-]Masken [keine Masten!] und Tempeldächer erhoben sich hinter den zusammengedrängten tropischen Gewächsen in Kübeln«. Vorbei ging es an einer nachgebildeten Hütte der Pygmäen, am Zelt eines Beduinen, an japanischen Gärten. (*Ästhetik*) Für den Sechsjährigen ein nachhaltig wirksames Erlebnis. Das er später mit Max Barth in Stockholm teilte: »Schon im Museum der Kindheitsstadt hatten mich die Schaukästen [Dioramen] beeindruckt, mit den Gruppen der afrikanischen Stämme, mit der Familie des Orang Utan, mit den ausgestopften Krokodilen, Schlangen und Paradiesvögeln.« (*Fluchtpunkt*)

Einen festen, Peter ebenfalls prägenden Platz nahm der bereits genannte Freimarkt ein. Jahrmarkt – ein Zauberwort für das Kind, den späteren Erwachsenen. (So lernte er auch während eines Jahrmarktsbesuchs in Schweden seine Lebensgefährtin Gunilla Palmstierna kennen.) Vom und im Haus konnte PW das Geschrei, die Musik, überhaupt die charakteristischen Geräusche vom Grünenkamp wahrnehmen. Es trieb ihn hin zu den Buden mit heißen Würstchen, Brezeln, gesponnenem Honig, zu den »wunderbar bemalten schnurrenden Karussellen«, zum Kasperletheater. Mit der Achterbahn ging es hoch hinauf, oben »hielt sich der Wagen in der Schwebe, ehe er in die Tiefe kippte, doch dieser Augenblick genügte, um mich ein ekstatisches Gefühl von Freiheit erleben zu lassen«. Sein Blick ging über Dächer, den Fluss, die Schiffe im Hafen, die Brücken und über hellgrüne Turmspitzen in der Altstadt. (*Abschied*)

Im Februar 1921 trat ein für den Vater Eugen, den vierjährigen Peter und die fünf Monate alte Schwester Irene wichtiges Ereignis ein: die mutmaßlich gemeinsame Taufe. Beleg für den mutmaßlich dreifachen Taufvorgang am 17. Februar 1921 ist eine Geburtsbescheinigung Peters mit einem Vermerk über seinen Taufvollzug durch den bei St. Ansgarii tätigen Pastor Julius Bode. (PWA 1630) Leider enthält die Archivalie nicht die eigentliche Taufurkunde, ebenso keinen Hinweis auf die Taufe von Eugen Weiß und der 1920 geborenen Schwester Irene.[4] Auffällig ist, dass der erwachsene Peter sich zwar an vieles aus der Kindheit erinnerte – oder vermeint, sich zu erinnern –, aber das wichtige Ereignis seiner und Irenes Taufe und die des Vaters verdrängte oder einfach ›wegschloss‹. Das Ganze war ja kein Alltagsereignis, sondern ist sicher festlich begangen worden. Einer von Peters Taufpaten war der bisher nicht identifizierte Onkel Hermann, von ihm selbst als Patenonkel bezeichnet.

Ort der gemeinsamen Taufhandlung war die altstädtische St. Ansgarii-Kirche[5] mit ihrem markanten Turm. Deren Gemeinde war traditionell geprägt vom Selbstverständnis eines gutsituierten Bürgertums, vornehmlich der lutherischen Kaufmannschaft. Die Entscheidung von Frieda und Eugen Weiß für die Zugehörigkeit zu dieser Gemeinde war gut durchdacht und entsprach bestens der von ihnen angestrebten gesellschaftlichen Reputation und ihrem eigenen Selbstverständnis. Zu dem die nahe gelegene bescheidenere St. Pauli-Kirche mit reformierter Ausrichtung und kleinbürgerlicher Klientel deutlich weniger passte. Es ist fraglich, ob die Eltern am Gemeindeleben teilnahmen, zumindet wird es nicht in den Erinnerungen der Kinder erwähnt.

Ein damals wichtiger Spielgefährte war der vier Jahre ältere Berthold Merz, dessen Vater Maschinist war und im übernächsten Haus Nr. 25 im Souterrain wohnte. In seinem Beisein lernte Peter »im Schuppen nebenan, auf dem Hof der Schieferfabrik« das Schreiben: »wir kratzten unsre ersten Buchstaben in die schwarzen Platten auf dem Abfallhaufen«. (*Abschied*) Das heißt, für den jüngeren Peter waren es die ersten Buchstaben. Oft besuchte Peter den Freund in der Küche mit dem Zeitung lesenden Vater. Und diese Küche nahm er zum Vorbild für das in *Ästhetik* geschilderte Arbeitermilieu.

Wohl noch vor der Einschulung Peters Ostern 1923 verließ die Familie Weiß die Alte Neustadt und zog an das andere Ende der Stadt. Inzwischen war ein neues Familienmitglied hinzugekommen: Die am 16. Fabruar 1922 geborene Margit Beatrice. Im Traum sah Peter später die Gestalt seines Freundes Berthold »fließend und vergehend (...) nur seine Hand, mit den kurzen, breiten Fingern und den abgebissenen Fingernägeln, ist deutlich«. (*Abschied*) Danach war das Haus u. a. 1928 von einem Oberregierungs-Medizinalrat bewohnt, 1932 wurde es als Jugendheim genutzt.

Marcusallee
in Bremen-Horn

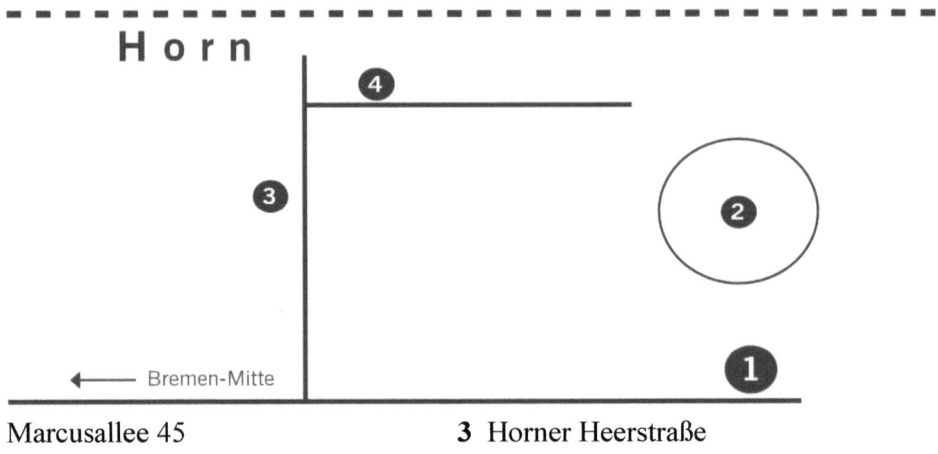

1 Marcusallee 45
2 Wildpark
3 Horner Heerstraße
4 Volksschule Berckstraße

Der Stadtteil Horn-Lehe befindet sich etwa sechs Kilometer vom Stadtzentrum entfernt und war seinerzeit mit Kleinbahn und Straßenbahn erreichbar. Ursprünglich war es eine ländliche Siedlung, wie noch heute zu erkennen ist, keinesfalls ein Patrizierviertel. Im 18. Jahrhundert entstanden hier zwar die ersten teilweise imposanten Landhäuser Bremer Kaufleute, von denen es um 1900 etwa zehn gab, doch überwog deutlich die ländliche Struktur. Zu einer besonderen Adresse entwickelte sich der ehemalige Rickmers Park mit der neu entstandenen Marcusallee. Diese wurde zwischen 1911 und 1915 bebaut. Auf der linken Seite von der Stadt herkommend wurde 1890 vom Kaufmann Wilhelm Rickmers ein nach ihm benannter und von Fleeten durchzogener Wildpark angelegt. In den 1930er Jahren wandelte man ihn in einen Rhododendronpark um, 1947 kam der Botanische Garten hinzu. Was PW in seiner Dankesrede zum Erhalt des Bremer Literaturpreises als eine künstlich hergestellte Fläche bezeichnete und den wild durchwachsenen Park vermisste. Erst 1921 wurde Horn als Teil Bremens eingemeindet, aber schon lange vorher führten eine Straßenbahn- und eine Eisenbahnlinie in die Stadt.

Die Bebauung der Marcusallee folgte einer großzügigen Gestaltung mit Gärten und Villen. Das von Eugen W. 1923 angemietete Haus Nr. 45 befand sich fast am Ende der damals noch nicht asphaltierten Allee. Alles in allem ein ruhiges und gepflegtes, aber auch abgeschottetes Ambiente vermittelnd. Dementsprechend war auch die gesellschaftliche Schichtung. Beispielhaft setzte sich 1925 die Nachbarschaft der Familie Weiß so zusammen: Im Haus Nr. 47 lebte ein Kapellmeister, unter Nr. 49 ein Baurat, zur linken stadteinwärts die imposante Dienstvilla (43) des Oberfinanzpräsidenten Friedrich Carl, dann unter Nr. 38 ein Kaufmann. Mehrere Grundstücke waren ungenutzt, in der weiteren Nachbarschaft lebten einige Kaufleute, aber auch ein Gärtner, ein Schlosser ein Kraftwagenführer und natürlich Dienstleistende der herrschaftlichen Haushalte. Parallel zur Straße zog sich im Wildpark einer der Fleete hin, von PW als ›Teich‹ beschrieben. Hinter dem Haus befand sich ein großer Garten mit Blick auf ein Feld, was für die Kinder einen großen Freiraum darstellte. Zum Haushalt Weiß gehörten neben Auguste ein Kindermädchen und ein Gärtner.

9 *St. Ansgarii-Kirche*   10 *Peter, Arwed + Hans (Marcusallee 1924)*

Die anfänglich praktizierte Bescheidenheit zahlte sich aus, insgesamt war die soziale und ökonomische Situation zufriedenstellend. Damit war der Weg frei für eine deutlich verbesserte Neuorientierung in einem ›reputierlichen‹ Habitat. Weiterhin residierte die Firma des Vaters in der Sögestraße, als einer der Gesellschafter kam am 31.12.1924 die Firma Liebig im böhmischen Reichenberg hinzu. Im Sommer 1925 wurde als neuer Kommanditist die im böhmischen Varnsdorf ansässige Weberei-, Samt- und Druckfabrik AG Fröhlich's Sohn genannt. Ebenso eine in Buenos Aires tätige Firma. Im gleichen Jahr erteilte EW seinem Partner Hoppe die Vollmacht zur Abwicklung notwendiger Eintragungen. Ebenfalls im September bescheinigte das Finanzamt Bremen-Mitte, dass die Firma Hoppe, Weiß & Co. als Kommandit-Gesellschaft in das Handelsregister eingetragen werden konnte. (StAB 4,75/5-1373)

In relativ deutlicher Erinnerung geblieben ist Peter der Tag des Einzugs und die gleichzeitig erfolgte Begegnung mit Friederle, dem Sohn des benachbarten Vermieter. Mit dem er um Ostern 1923 in der noch ländlichen Volksschule an der Berckstraße[6] eingeschult wurde. Jeder mit einer Tüte Himbeerbonbons. »Doch vorm Schultor floh ich zurück, ich lief zurück über die schwarze, hartgestampfte Schlacke des Schulhofs, ich lief auf der staubigen Allee zurück (...) hinein in die verwilderte Tiefe des Parks, bis an den Rand der Felder (...) es war der Anfang der Panik«. Später brachte ihn die Mutter zurück zur Schule. Alle in der Klasse blickten ihn an, ihn den Zuspätgekommenen. (*Abschied*) Jeden Tag ging er dann mit Friederle zur Schule. Der ihn drangsalierte, dem alles gehörte. Nach dem Schulunterricht versuchte Peter, ihm und seinem Steine werfenden Rudel zu entkommen, was ihn Gefühle der Verlorenheit empfinden ließ.

11 *Teilansicht der alten Volksschule Horn in der Berckstraße*   12 *Marcusalllee 45 heute*

In der Schule wurde er bestraft, mit dem Rohrstock auf die immer wieder wegzuckende geöffnete Hand. »Das war es, was ich in der Schule lernte, wie man die Hand unter dem Rohrstock des Lehrers hielt.« Wohl nur schwach erinnerte Peter sich an die Lehrerin Elisabeth Segelken, die er einmal kurz erwähnte, aber nicht namentlich. Friedlicher waren die Spiele im Garten mit den Schwestern und der mit Friederle befreundeten Tamina Nebelthau (1913-1978, verh. Jantzen). Diese stammte aus einer gutsituierten Horner Familie und soll ihn einmal kurz geküsst haben, so Peters Erinnerung. *(Abschied)* In *Notizbücher II* bezeichnete er sie als seine Jugendliebe. Beim Spiel zeigte Peter sich phantasievoll und anregend. *(Abschied)* Nicht ins Gewicht fiel der am 3. Juni 1924 geborene Bruder Gerhard Alexander.

Beim Rückzug auf den Dachboden fand er sein nächstes Exil. Er kramte in den Koffern und Truhen, damit auch in der Vergangenheit der Eltern: Uniform und Säbel des Vaters, kostbare Kleider der Mutter, Fotografien von ihr als Schauspielerin, Briefe des Vaters an die Mutter. In seiner Bildwelt sieht er ihn im Krieg in einem Erdloch, als Verwundeten im Lazarett jammernd, die Mutter ihn daraus rettend und ihn pflegend. Spielerisch versuchte er das Kriegsgeschehen nachzuerleben, formte auf einem Brett eine Landschaft aus Lehm, Moos und Steinen. Danach führte er friedliche Expeditionen aus, kehrte aber immer wieder zu den Kämpfen zurück. Für ihn, den Vorpubertierenden eine unfassbare Erfahrung, ebenso seine erwachende Sexualität. Zwischen ihm und den Schwestern entwickelte sich nach seiner Aussage Neues: Im schmalen Gang zwischen Gartenschuppen und Mauer (?) zum Nachbargrundstück kam es zu sexuellen Erkundungen. Die nach außen hin z. B. während der Mahlzeiten von Irene und Margit kichernd als Spiel »hinter dem Schuppen« bezeichnet wurden. (g*lasdörr*) In dieser Zeit werden Peters nächtliche Wanderungen begonnen haben, wie in *Abschied* beschrieben.

Hinzu kam eine starke Sehnsucht nach Freiheit, körperlicher Freiheit, die ihm das seiner Meinung nach prüde Elternhaus nicht geben konnte. Eine Ahnung davon erfuhr er während eines Besuchs bei dem außerhalb von Bremen lebenden Fritz Wiegand, den seine Eltern noch aus der Zeit in der Pension kannten. Im Gegensatz zu seinem Vater ein lebhafter, witziger Mensch und locker im Umgang mit den Kindern – und der Mutter. Was diese sehr belebte. Es war Sommer, man hielt sich im Garten auf. Die drei Wiegandschen Kinder liefen leicht bekleidet herum, hatten gebräunte Körper. Hingegen gaben sich die Weiß-Kinder zurückhaltend, steif. Wiegand animierte sie, sich ebenfalls zu entkleiden. »Und wir erlebten nun, was wir jeden Sommertag hätten erleben können, aber was nie wiederkam, wie wir in unserer Nacktheit ledendig wurden«, so Peters Erinnerung. Doch zeigt ein Foto von 1925 ihn und die zwei Schwestern durchaus leichter bekleidet und lachend im Garten.

13 *Im Bürgerpark* 14 *Peter, Irene + Margit, 1925*

In das strenge Bild der Eltern passt auch gut die Erinnerung an sonntägliche Spaziergänge im Bürgerpark. Eltern und Kinder in vorgegebener Ordnung und fein gekleidet. Bürgerliche Reputation vermittelnd. Wer nicht parierte und herumtobte, wurde bestraft. Keiner durfte ausbrechen. Im Café nahe dem Hollersee gab es Torte mit Schlagsahne und Trinkschokolade. (*Abwechselnd*) Nach Aussage der Schwester Irene war die Mutter die primär Bestrafende. Strengste Strafe war das Stehen in der ›Schandecke‹ im Esszimmer, gefolgt vom Essen am ›Katzentisch‹ und der Verweigerung des Desserts. (Weiss-Eklund, *Suche*) Hingegen war der Vater, bedingt durch seine geringere Präsenz, der sekundär Bestrafende vor allem auf Geheiß der Mutter. Eine andere Erinnerung setzte am sonntäglichen Frühstückstisch an: Nach genußvollem Essen las der Vater die Zeitung. Danach verabschiedete er sich wie an den anderen Tagen ins Büro, um in Ruhe das aufzuarbeiten, was liegengeblieben war. (*glasdörr*)

Auch die Gestaltung des Heiligabends folgte einem bestimmten Regelwerk. In der Diele mussten die Kinder warten, auf das Klingeln des Glöckchens und das Öffnen der Tür zum Festzimmer. Wo die Eltern sich aufhielten, die Mutter ob der strapaziösen Vorbereitungen vor Erschöpfung weinte, der Vater sie mit weicher Stimme beruhigte. Alle waren festlich gekleidet. Weihnachtsbaum und Kerzen gaben schimmerndes Licht. Es wurden Gedichte und die Weihnachtsgeschichte von den Kindern vorgetragen. Die Tische waren übervoll mit Geschenken belegt, aus dem Radio tönte das Läuten der Kirchenglocken. Eine überwältigende Pracht. Doch: »Etwas Gekünsteltes lag in der Freude ringsum (...) Man wurde klein und hilflos vor ihnen [den Eltern], fast erniedrigt vor so viel Güte und Freigebigkeit.« (*glasdörr, Abwechselnd*) Von einem Kirchgang war allerdings nicht die Rede, überhaupt nie.

Ostern 1927. Nach vierjähriger Volksschulzeit der Wechsel auf ein Gymnasium in der Stadt. Drei Alternativen boten sich den bestimmenden Eltern an, wobei Peter wohl nicht gefragt wurde. Vor allem da der Vater seinen Ältesten als Nachfolger installieren wollte. Da kam eine altsprachlich orientierte Schule wie das Alte Gymnasium in der Altstadt nicht in Frage, aber auch nicht das neusprachliche am Barkhof im vorderen Schwachhausen. Ideal war der Besuch eines Real/Reformgymnasiums, das neben modernen Fremdsprachen und Naturwissenschaften eine größtmögliche Weltoffenheit vermittelte, aber nicht dem klassischen Gymnasium gleichgestellt war. In Frage kam das 1905 eröffnete Realgymnasium Bremen[7] (heute: Hermann-Böse-Gymnasium) in der damaligen Gustav-Deetjen-Allee nahe dem Hauptbahnhof, heute Ortsteil Bürgerweide-Barkhof. Hier wurde Peter in die sechste Klasse eingeschult. Die Eltern seiner Mitschüler gehörten zum bremischen Mittelstand bzw. der Mittelschicht. Vertreten waren vor allem Kaufleute, weiter Beamte, Direktoren, Ärzte. (StAB 4,39/2-157) Ein Ambiente, das den Eltern nicht nur passend erschien, vor allem manifestierte sich darin das kaufmännisch-geschäftliche Bewusstsein des Vaters. Dieser Wechsel und die nachfolgenden Schuljahre wurden von Peter ebenfalls wenig in seiner Erinnerungsarbeit thematisiert, die Schule selbst kurz als Gymnasium erwähnt. Wohl aber die Drangsal des Schulischen, was aussagekräftig genug ist.

Im gleichen Jahr verlegte die Familie erneut ihren Wohnsitz, zurück in die Stadt. Was für Peter und Irene einen wesentlich kürzeren Schulweg, für den Vater mehr Nähe zum Büro bedeutete.

Außer der Schleifmühle 27
in Bremen-Mitte

Wohl im Sommer 1927 bezogen Frieda und Eugen Weiß mit den Kindern Arwed und Hans Thierbach sowie Peter, Irene, Margit und Alexander ihr neues Domizil in einem nunmehr städtischen Habitat. Das neue Zuhause war eine geräumige Wohnung im vierten Stockwerk eines imposanten Wohngebäudes mit zwei Geschäften im Erdgeschoss in der Straße Außer der Schleifmühle Nr. 27. Vor allem besticht das 1905/06 erbaute

Haus mit seiner Jugendstilfassade, dabei ein gutbürgerliches Ambiente vermittelnd. Der Eingang war zurückgehalten und bot dadurch einen guten Wetterschutz. Die Wohnungen waren bis zu 300 Quadratmeter groß mit jeweils zwei Balkonen. Es gab allerdings keinen Garten, die rückwärtige Fassade mit kleinem Hof grenzte an die parallel verlaufende Straße Am Dobben. Im Haus lebten zehn Parteien, darunter einige Kaufleute, ein Optiker, ein Bahnarbeiter, ein Studienrat und eine Witwe, das gutbürgerliche Element überwog also deutlich. Die nähere Nachbarschaft war ähnlich aufgestellt. Schnell war man am Hauptbahnhof und in der Altstadt, aber auch der Bürgerpark war nicht weit entfernt.

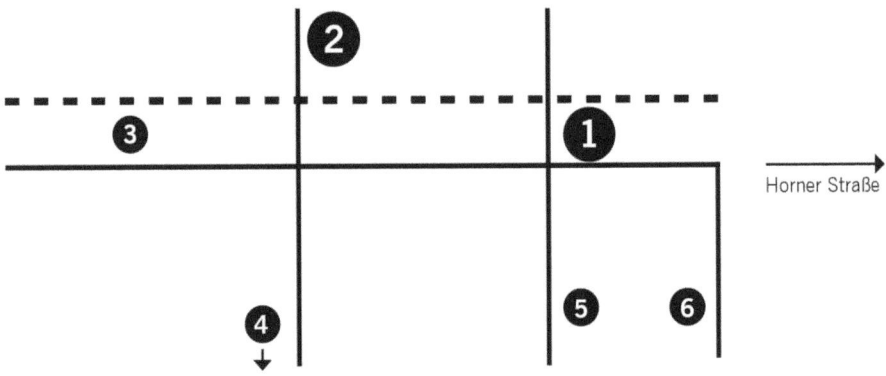

1 Außer der Schleifmühle 127
2 Realgymnasium Bremen
3 Hauptbahnhof
4 Sögestraße
5 Rembertistraße
6 Fedelhören

Zur Feier des Umzugs fand das übliche Stühle/Tischerücken statt, veranstaltet vom Freundeskreis der Eltern. Es war nicht nur für die Eltern ein überraschendes Ereignis. PW hat es dementsprechend in *Abschied* festgehalten: »In gespenstischer Eile besetzten die Freunde unsere Wohnung, und während sie sich in weiße Tücher hüllten, wurden Schüsseln mit Gerichten aufgefahren, und Diener deckten die Tafel, und als alles bereit war rief man meine Mutter ans Telefon und meldete ihr mit dunkler, geheimnisvoll verstellter Stimme, daß ich, der an diesem Abend fiebrig zu Bett gelegen, ihrer Hilfe bedürfe.« Dank der sofortigen, sehr besorgten Reaktion der Mutter empfand Peter wieder einmal den »Herzpunkt unserer Beziehung«.

Wie schon in der Marcusalle begleitete er auch jetzt öfters den Vater in das Kontor in der Sögestraße, sollte er doch später selbst als Kaufmann tätig werden. So der Wunsch des Vaters. Zum Kontor führte eine Treppe empor, an den Wänden hingen Bilder von Fabriken »und eine Karte der Erde, mit eingezeichneten Schiffahrtsrouten im Blau der Ozeane«. In den Regalen Aktenbücher und Musterkataloge. Während der Vater tätig war und mit einem Elfenbeinmesser die Post öffnete, beobachtete Peter ihn. Manchmal sah der Vater auf »und begegnete meinem Blick, und lächelte mir zu«. (Ebd.)

15 *A. d. Schleifmühle 27* 16 *Realgymnasium Bremen m. Toreingang re.*
(aktuell Hermann-Böse-Gymnasium)
(beide Gebäude stehen inzwischen unter Denkmalschutz)

PW empfand den Umzug in die Stadt als Befreiung. Er lernte das Sehen und Gehen. Weiter notierte er in *Abwechselnd*: »Offen lag die neue Straße vor mir, ich gehörte hierher, ich gehörte in die Stadt«. Auch ein Vetter, Fritz X., wohnte nicht weit entfernt in der Roonstraße. Bei diesem Umzug in »ein hohes, graues Mietshaus in der Stadt«, war Peter, »als erwachte ich plötzlich aus diesem Traum, die alten Erfahrungen waren noch da, doch ihr Griff lockerte sich mit einem Mal«. Er konnte, vor dem Eingang des Hauses stehend, »noch nicht fassen daß die alte Schule [an der Berckstraße] in der schwarzen Asche verschwunden war, daß Friederle vergebens hinter den Büschen auf mich lauerte«. Hier in der Schleifmühle entwickelte der Elfjährige endlich ein Gefühl der Zugehörigkeit. Zusammen mit den Geschwistern erkundete er die Stadt mit ihren

Werkstätten, Kaufhäusern, dem Bahnhof, den Straßen und Wegen, oft am nahen Bahndamm entlang gehend. Sie durchstreiften andere Stadtteile, in der Grünenstraße gehörten sie nicht mehr dazu. Auf diesen ›Expeditionen‹ gelangten sie über die Rembertistraße und durch die Wallanlagen zum Marktplatz mit Dom, Rathaus und Roland, aber auch zur Sögestraße.

Was machte Peter in der Zeit nach der Schule, am Nachmittag. Viel Zeit verbrachte er wohl damit, einfach herumzusitzen. Die Mutter scheuchte ihn fort: »Vier breite Treppen zur Straße hinunter. Geh jetzt zu den andern Kindern!« (*glasdörr*) Mit denen spielte er z. B. Verstecken im Keller des Hauses und in seiner Umgebung. Zu Recht fragt Schmolke nach nicht von PW geschilderten Vorkommnissen im Alltag, im Tagesablauf, nach Erledigung der Hausaufgaben: »Hat der Junge nie Hausaufgaben gemacht?« (*Wirken*) Doch hat er, wie diese Schilderung zeigt: Er ist auf den Straßen »nach den verlorenen Stunden des Vormittags [in der Schule], nach einem zwecklosen Brüten über den Hausaufgaben«. Die er oft am späten Nachmittag, wenn es bereits dämmert, hinunter rennt, »das Pflaster unter den Füßen, der Bahndamm erhebt sich steil, mit Rauch und klirrendem Eisen«. (*glasdörr*) Wollte er damit der Unerträglichkeit von Schule und Hausaufgaben entkommen?

Während Peter das Realgymnasium besuchte, war Irene Schülerin in der nicht weit entfernten Remberti-Schule im Fedelhören 78, später vielleicht auch Margit. Im Realgymnasium fühlte er sich wieder von einem Mitschüler drangsaliert und einer unguten Schulsituation ausgesetzt, dargestellt in *En glassdör*. Er prügelte sich, wurde von einem Lehrer als »dumm und faul« bezeichnet. Allerdings konnte er seiner Erinnerung nach beim Aufsatzschreiben punkten. Da »durfte ich etwas von mir selbst geben, mit eigenen Worten reden, eigene Erfahrungen gestalten«. Und er erinnert sich, dass ein Aufsatz über sein Dasein als Ameise in einem Ameisenhaufen »vor versammelter Schule in der Aula vorgelesen wurde«. Auch gab es Lob vom Schuldirektor persönlich, der ihm sagte, dann bist du der, »der so gute Aufsätze schreibt«. (Ebd.) Doch warum lag die Note im Fach Deutsch dann durchweg bei einer Drei? War seine Einschätzung wieder einmal eine Fiktion, ein als Erinnerung getarnter Wunschgedanke?

Tatsächlich gab es Schwierigkeiten beim Lernen selbst, wo Peter Mühe hatte, »das Sumpffieber der Unfähigkeit« zu überwinden und die Vokabeln zu lernen. Dabei vom Wüten der Mutter begleitet. (*Abschied*) Zwar spielte er nicht mehr auf dem Dachboden, doch nahm er seine bellizistische Fantasiewelt mit in den Schulalltag. Träumenderweise folgte er dem Unterricht und hörte nicht, wie »in der Schule mein Name aufgerufen wurde«. Vor dem Lehrer stand er dann »errötend und verständnislos«. Das war im von ihm so genannten Gymnasium. Weiter hielt er fest, »wo ist der Garten – wir sind umgezogen – wohnen jetzt in einem anderen Haus – in der Stadt drinnen – nahe beim Bahnhof – ein großes Mietshaus«. In die Schule trat er »durch das Tor ein, geht die breite Treppe hinauf, die langen Steinkorridore entlang, einmal ums andere trete ich in die Schule ein, die alle Schulen in sich vereinigt«. (*glasdörr*)[8] Noch heute wird der von PW erwähnte Toreingang zum Schulhof in der Hohenlohestraße genutzt. So führte sein Schulweg ihn also durch den Remberttunnel und die Hohenlohestraße und nicht am Hauptbahnhof vorbei. Weiter erinnerte er sich an den breiten Treppenaufgang im Schulgebäude und an die Korridore.

Als neue Freunde werden Christoph, dessen Bruder Hans-Eduard und Paul genannt, alle zusammen inszenierten Kriegsspiele, in denen sich Aggression und Libido trafen. Obwohl Peter »der Führende und Einfallsreichste war, machte ich mich selbst nur zum Matrosen, Gottfried ernannte ich zum Kapitän«. Auch zu Mädchen gab es Kontakte, aber sehr unbestimmte in der Erinnerung. Zu Hans-Eduard hatte er eine besondere Verbindung, denn beide schwärmten für die Schauspielerin Virginia, mit der er nach Peters Empfinden Ähnlichkeit besaß. Der er einen Brief schrieb und ihn mit dem Freund zur Post brachte (nie kam eine Antwort). Sie querten am Dom vorbei den Marktplatz. »Ringsum lagen die alten Giebelhäuser mit ihren Pfeilern und in Blei gefaßten Fenstern«. (*glasdörr*) Doch warum erwähnt er nicht den Schütting und das Rathaus mit seiner Renaissance-Fassade?

In dieser Zeit wurde er, der Unruhige, mehrfach verbannt, getarnt als Luftveränderung. So lebte er ab Ostern 1928 etwa ein halbes Jahr bei Friedas Schwester Emma Autenried (der Ehemann entfernt verwandt mit Hölderlin) in Tübingen und besuchte dort die Oberrealschule. Im Bremer Realgymnasium war er zunächst abgemeldet worden. Seine Tante und der Onkel Eugen versuchten mit strenger Hand, »einen ordentlichen Menschen aus mir zu machen«. Ansonsten blieb vieles von dem Aufenthalt, wie auch in den anderen Exilen »in ein Dunkel gehüllt, ich lebte in einer Art Black-out«. (Ebd.) Was er aber mitbrachte, war das Wissen um die Bedeutung Hölderlins. Im September wurde Peter wieder im Bremer Realgymnasium in der Klasse 5b angemeldet. In den Zeugnisunterlagen wurde vermerkt: »W. erhält zu Michaelis [Oktober] 1928 kein Zeugnis, da er erst am 3.9.28 wieder in das Rg eingetreten ist«. (StAB 4,39/2-157).

17 *Sögestraße, Ecke Knochenhauerstraße, 1928*   18 *Peter + Mitschüler, 1927 im Hof Realgymnasium*

Ein anderes Mal brachte ihn sein Bruder Arwed wohl zu einem Kindererholungsheim im Teutoburger Wald, was aber nicht näher geschildert wird. Peter erwähnte allerdings das Hermannsdenkmal und setzte es in Kontext zum Patenonkel Hermann. Auch dieses Erlebnis versank für Peter in einen großen Traum. (*glasdörr*) Wohl auch bedingt durch die Zeit der familiären und dadurch auch schulischen Exklusion wurde er zu Ostern 1929 nicht versetzt und musste die Klasse wiederholen, er war also ›backengeblieben‹. Bei dieser als Schmach und Niederlage empfundenen Situation stützte ihn sein Vateridol Fritz Wiegand, was er in *Abschied* beschreibt: Beim wiederholten Lesen des entscheidenden Satzes war es ihm, als sollte sein »ganzes Dasein zerbrechen«. Mit Umwegen verzögerte er das Nachhausekommen, »weil ich nicht die Kühnheit hatte, mich als Schiffsjunge nach Amerika anheuern zu lassen«. Doch der zufällig anwesende Wiegand »brach in schallendes Gelächter aus (...) schlug mir auf die Schultern« und meinte: »Genies sind immer schlecht in der Schule!«

Später in Berlin, nachdem sein Vater ihn auf die »Realität des Daseins« vorbereiten wollte und ihm seine Träumereien vorhielt, hatte er diese Realität schon in zehnjähriger Schulzeit kennengelernt. Denn nach einer »langen Wanderung durch Klassenräume und hallende Korridore« wurden »wir ja vorbereitet, zu Tüchtigkeit und Verantwortung«, die in die Welt der Kontore führen sollte. Daher auch der ihm zugewiesene Besuch eines Gymnasiums, das sich an die Realien hielt. Doch Peter fand andere Dinge, die für sein Leben wichtig werden sollten. Die ihm Antwort gaben auf seine Fragen: »gedichtete Worte, die plötzlich meine Unruhe stillten, Bilder, die mich in sich aufnahmen, Musik, in der mein Innerstes mitklang. In den Büchern trat mir das Leben entgegen, das die Schule vor mir verborgen hatte.« (Ebd.)

Tatsächlich war Peter ein mittelmäßiger Schüler, 1928 mit einem Notendurchschnitt von ›2,8‹. Eine deutlich schwache Leistung zeigte er in den Fächern Englisch und Rechnen. Aber es sollte »weiterhin ein Versuch mit ihm gemacht werden«. So konnte er dann im Winter 1928/29 versetzt werden mit leicht verbesserten Noten und einem Durchschnitt von ›2,5‹. (StAB 4,39/2-157) Es stellt sich die Frage, inwieweit diese Schule Relevanz für PW besaß. Sehr dürfte er nicht an ihr gehangen haben, dafür wurde zuviel verdrängt. Eher muss sie ihm verhasst gewesen sein, durch die Lehrer, die über ihn lachenden und ihn quälenden Mitschüler, die einengenden Gebäude. Schule war kein Freiheitsraum, den fand er im Draußen und in Träumen.

Noch im gleichen Jahr zog die Familie Weiß abermals um, und zwar in das etwas weiter östlich liegende Fesenfeld-Viertel. Peter selbst war wieder einmal kurz verbannt worden, diesmal zum Patenonkel Hermann. Mit dem Peter im Auto »auf der langen geraden Straße dahin« fuhr. Dessen Frau den Küken die Hälse umdrehte und sich Peter sexuell näherte. Möglicherweise war sein Taufpate homosexuell, da er von seiner eigenen Frau und Frieda W. nicht als richtiger Mann bezeichnet wurde und später Selbstmord beging. (*Abwechselnd*) Doch wer war dieser Onkel Hermann? In der mütterlichen Verwandtschaft gab es anscheinend keinen mit diesem Namen. Allerdings führte Eugens Geschäftspartner Hoppe, wohnhaft in der Lübecker Straße 46 im Steintorviertel, die beiden Vornamen Hermann Wilhelm. Vielleicht bestand eine engere Verbindung zwischen den Geschäftspartnern. Doch dürfte ›Onkel Hermann‹ nach Peters Schilderung eher außerhalb Bremens gelebt haben. Jedenfalls war er nur kurze Zeit dort, vielleicht in den Ferien. Denn in den Zeugnisunterlagen wurden keine weiteren Dispensationen vermerkt.

Horner Straße 127
im Fesenfeld

Hier wurde nahe der Bismarckstraße wiederum ein für Bremen typisches Reihenhaus mit Vorgarten und größerem hinteren Garten bezogen. Für Peter, Irene und auch Margit wurde zwar der Schulweg weiter, war aber noch gut zu bewältigen. Weiterhin war EW Teilhaber der oben erwähnten Firma in der Sögestraße und laut *Bremer Adressbuch* ›Persönlich haftender Gesellschafter‹.

Als Peter nach der erneuten Verbannung zur Familie zurückkehrte, musste er wieder einmal in eine neue Welt wechseln. »Ich stand an den Eisenzaun gelehnt, der die kleine Rasenfläche vor dem Haus einhegte«. In einer neuen Straße mit neuen Gesichtern und neuen Spielen. Doch entwickelte er keine Beziehung zu diesem Zuhause. Drinnen war es für ihn verbarrikadiert, wohl auch räumlich kleiner, draußen war die Freiheit mit dem neuen Freund Helmut, für den er schwärmte und ihn sich als Mädchen dachte. Ein anderes Gesicht gehörte Walter Rau, Gruppenführer bei den Pfadfindern. Der ihn einlud: »Komm in unsere Gesellschaft, unser Bootshaus, zu unseren Kanus, komm mit, wenn wir sonntags rausfahren! Und dann sitze ich in dem hauchdünnen Boot, das Wasser gluckst um mich herum, ich paddle den graudunstigen Strom abwärts.« Vielleicht ist er auch mit der Pfadfindergruppe nach Delmenhorst gepaddelt, von der Weser in die Ochtum und dann in die Delme. Was er nicht erwähnt, sind die Gezeiten der Unterweser im Gegensatz zur Oberweser. Nach seiner Aussage erhielt er in dieser Gemeinschaft neue Kraft, was sich in Berlin fortsetzte. Sie saßen am Lagerfeuer, sangen alte Landknechtslieder, wanderten durch Landschaften und betasteten gleichzeitig ihre Körper. (*glasdörr*)

Im Sommer 1930 wurde Peter am 28. Juni vom Realgymnasium abgemeldet, am 30. erhielt er sein Abgangszeugnis, unterzeichnet von J. Bock. Als nunmehrige Schule war das »Heinrich von Kleist Reform. Rg« in Berlin-Schmargendorf eingetragen. Die Ferien verbrachte die Familie an der Ostsee. (A. Weiss, *Fragment*) Wohl im Anschluss daran fand der Umzug nach Berlin statt, wo sie in der Preußenallee ein neues Zuhause fanden, wieder einmal. Doch zeichnete EW noch als Teilhaber der Hoppe, Weiss & Co. und war zwar 1931 im Bremer Adressbuch noch aufgeführt, aber nicht mehr 1932.

III
Von Ort zu Ort

Auf die Verlegung des Wohnsitzes nach Bremen für knapp elf Jahre folgten weitere Umzüge, Schweden sollte die letzte ›Heimat‹ werden.⁹ Warum die häufigen Umzüge innerhalb eines relativ kurzen Zeitraums? Der jüngste Sohn Alexander vermutete, dass der Vater fürchtete, als ehemaliger Jude erkannt zu werden. Vielleicht aber wollte er geschäftlich weiterkommen, wieder etwas Neues beginnen, wobei ihm sein sozio-ökonomisches Netzwerk von Nutzen war. Worauf die Kinder sich einzustellen hatten.

Berlin (1930)

Ab Sommer 1930 lebte die Familie Weiß in der Preußenallee im Berliner Westend. Im neuen Zuhause wuchs kein Baum vor dem Fenster, stattdessen ein betonierter Hof, »nach einer breiten Straße hin offen«. (*glasdörr*) Zum 31. Dezember 1930 wurde mit der Teilhaberschaft von Eugen Weiß auch die Firma im Bremer Handelsregister gelöscht. Von ihm selbst bestätigt am 5. Januar 1931 unter der renommierten Geschäftsadresse Leipziger Straße 94 in Berlin-Mitte auf dem 15. Polizeirevier, was beim Amtsgericht Bremen unter Akte Nr. 727 vermerkt wurde. (StAB 4,75/5-1373)

Peter besuchte wie oben angeführt das Heinrich von Kleist-Realgymnasium in Schmargendorf. Doch nach dreijähriger Schulzeit musste er 1933 auf Geheiß des Vaters Schüler der privaten Rackow-Handelsschule werden. Denn nach seiner Meinung hätte Peter keine Lust am Lernen und keine Ausdauer. Vielmehr sollte er auf eine von ihm gewünschte kaufmännische Laufbahn vorbereitet werden. (*Abschied*) Allerdings durfte er in einer privaten Malschule Unterricht nehmen. In seiner Freizeit war er wieder mit den Pfadfindern unterwegs, denn ein Foto zeigt Peter als Sechzehnjährigen in entsprechender Kluft. (PWA) Also kann angenommen werden, dass von ihm geschilderten Aktivitäten wie das Herumstreifen durch die Wälder eher in Berlin stattgefunden haben.

Der Vater überlegte nach der von ihm begrüßten Wahl Hitlers zum Reichskanzler, die deutsche Staatsbürgerschaft anzunehmen und sogar Mitglied der SA zu werden. Arwed und Hans als nunmehr weit über Zwanzigjährige hatten inzwischen das

Zuhause verlassen und schlossen sich der NSDAP an, standen aber weiterhin in Kontakt zur Familie.

Ein anderes, dramatisches Ereignis traf im Sommer 1934 die Familie und erschütterte sie in ihren Grundfesten: Nach angenehm verbrachten Stunden an einem Augustnachmittag im Grunewald verunglückte Margit bei einem Autounfall tödlich. War das mit ein Grund, später nach England zu migrieren oder war der Umzug schon vorbereitet worden? Während der Weihnachtstage 1934 besuchte die Familie Friedas Schwester Gertrud in England, wo EW sich erneut eine Existenz aufbauen wollte. Erkannte er die Gefahr, die von den Nationalsozialisten ausging?

Chislehurst / England (1935)

Im März bezog die nunmehr fünfköpfige Familie Weiß in diesem Ort nahe London die Villa Deepdene. Peter musste zunächst in einem Londoner Warenhaus volontieren, wo er bald hinausflog. Er durfte dann für ein Jahr die Polytechnic School of Photography in London besuchen. Hier fühlte er sich wieder als angekommener Stadtmensch. Er schloss Freundschaft mit Ruth Anker(-Vogel) und Jaques Ayschmann, die ihn bei seiner ersten Gemälde-Ausstellung in einem Lagerraum nahe dem Hyde-Park unterstützten. Wohl vor allem wegen seiner politischen Überzeugung wird Ayschmann in der *Ästhetik* erwähnt, wenn auch in fiktionaler Darstellung.

Doch die Eltern fühlten sich nicht wohl in England, hatten Mühe sich zu etablieren. Daher nahm EW das Angebot an, im böhmischen Varnsdorf, in der ČSR die Samtweberei Fröhlich zu leiten. Zu dieser Firma bestanden also noch Kontakte aus der Bremer Zeit. Peter selbst und Irene wären gern geblieben, während Alexander sehr unglücklich war, zumal er zeitweilig in einem Internat untergebracht war.

Varnsdorf / ČSR (1936)

Im Spätherbst bezogen die Weiß' eine Wohnung in einer Villa in der Niedergrunder Straße. Erst 1938 konfrontierte EW seine Kinder mit seiner jüdischen Herkunft. Darauf reagierten Peter und Alexander mit Empörung und fühlten sich ihrer bisherigen Identität beraubt. Es war der zweite Schock nach dem Unfalltod Margits, mussten sie sich doch neu verorten und waren nach NS-Diktion ›Halbjuden‹[10]. Peter selbst verfasste erste Manuskripte mit eigenen Illustrationen.

Montagnola / Schweiz (1937)

Während des Sommers reiste Peter zu Hermann Hesse ins Tessin, mit dem er zuvor in Verbindung getreten war. Den zehnwöchigen Aufenthalt genoss er sehr und verbrachte viel Zeit mit Zeichnen, Malen und Schreiben. Hesse erkannte die Begabung des jungen Weiß und vermittelte ihm den Kontakt zu Max Barth in Prag.

Prag (1937/1938)

In Prag setzte er sich sofort mit Barth in Verbindung, der ihn vorübergehend aufnahm und als Mentor auftrrat. Dank der Initative des Akademie-Professors W. Nowak waren die Eltern endlich mit dem Besuch der Prager Kunstakademie einverstanden. Diese zeichnete ihn etwas später mit dem Akademie-Preis für zwei seiner Gemälde aus. Doch empfand PW die Situation in Prag recht bedrückend, er lebte isoliert und hatte zu anderen deutschen Emigranten keinen Kontakt. Obwohl durchaus Freundschaften bestanden, wie z. B. mit dem Maler Endres Nemes, den er später in Stockholm wiedertraf. Er entschloss sich, erneut in die Schweiz zu reisen. Einen Teil seiner Bilder ließ er bei den Eltern lagern, einen anderen Teil übergab er dem Freund Peter Kien (1919-1944). Der als Künstler und Dichter tätig war und in Auschwitz zu Tode kam.

Schweiz (1938/1939)

Mit den dort lebenden Freunden R. Jungck und H. L. Goldschmidt unternahm PW eine Wanderung von Zürich aus. Zwischen der sich in der Schweiz aufhaltenden Schauspielerin Margarete Melzer und ihm entwickelte sich eine kurze intensive Beziehung. Die Okkupation der ČSR durch die Deutschen machte ihm eine Rückkehr nach Prag unmöglich. Er blieb einige Zeit in Zürich und reiste dann nach Berlin, wo er sich mit seiner Mutter traf. Zu diesem Zeitpunkt lebten seine Eltern und die Geschwister bereits in Alingsås. Peter selbst wurde 1939 die tschechoslowakische Staatsangehörigkeit aberkannt, er war also staatenlos, ebenso der Vater und die Geschwister. Wo sollte er hin? Ihm blieb nur die Option, ebenfalls nach Schweden zu den Eltern zu gehen. Mit leeren Händen, aber nicht als Flüchtender bzw. Fluchtmigrant.

Alingsås / Schweden (1939)

Hier konnte Eugen Weiß sich mit der Gründung der Silfa-Fabrik einen neuen Wirkungskreis erschließen Denn da er Patentinhaber eines neuartigen Filmdruckverfahrens war, bestand in der schwedischen Textilindustrie um Borås herum ein hohes Interesse an seiner Arbeit und seinem Wissen. Als Anpassungsleistung an die schwedische Gesellschaft wurde nunmehr offiziell der Familienname Weiß in ›Weiss‹ geändert. Positiv war die Zugehörigkeit zur evangelisch-lutherischen Konfession, die in Schweden staatskirchlich etabliert ist.

Peter kam »als verlorener Sohn« im Februar in das neue Zuhause, die Villa Lillgården. Als eigentlich angehender Künstler musste er durch Mitarbeit in der Fabrik des Vaters zum Lebensunterhalt beitragen, womit er sich schwer tat. In den Nächten entstanden »Bilder, Zeichnungen, Gedichte, verborgene Äußerungen eines Unbekannten«. Er fühlte sich als Fremder und ausgegrenzt im neuen Habitat. Hinzu kam die Entfremdung zum Leben der Eltern. 1940 hielt er sich kurz in Stockholm auf, arbeitete dann wieder in der Fabrik als Textilmusterzeichner. Dann begann »mit einem heftigen Stoß« 1941 der endgültige Aufbruch mit der Eisenbahn nach

Stockholm (1941)

Damit begann auch ein selbstbestimmteres Leben. Mit Unterbrechungen und Aufenthalten in Alingsås, die ihn wiederum abhängig von den Eltern machten. Mit wechselnden Adressen. Wichtig war für ihn die Fleminggatan 37, wie auch in *Ästhetik* beschrieben. Hinzu kamen wechselnde Freundschaften und Beziehungen zu Frauen. Er war dreimal verheiratet, seit 1964 mit Gunilla Palmstierna. Aus jeder Ehe stammte ein Kind: Randi Rebecca (Helga Henschen), Paul (Carlota Dethorey) sowie Nadja und Adoptivsohn Mikael Sylwan aus Gunillas erster Ehe. Zuletzt lebte die Familie in der Hornsgatan 29B oben im fünften Stockwerk.

Künstlerisch versuchte PW sich zunächst als Maler und Filmemacher durchzusetzen. Das gelang ihm erst als Autor mit der Rückkehr zur deutschen Sprache. In der Folge entstand ein umfangreiches literarisches Werk mit *Abschied von den Eltern, Fluchtpunkt, Die Ermittlung, Hölderlin* und vor allem mit dem dreibändigen Roman *Ästhetik des Widerstands*. An letzterem arbeitete er zwei Jahrzehnte, was ihn gesundheitlich sehr erschöpfen sollte.

Wiederholt dachte er an eine Rückkehr z. B. nach Berlin-West, doch konnte er sich nicht richtig entschließen. Gesundheitlich machten ihm wiederholte Herzattacken und ein Diabetes zu schaffen. Während einer Aufführung seines Theaterstücks *Der neue Prozess*, in dem auch seine Tochter Nadja mitspielte, kam es zu einem erneuten Herzinfarkt, dem er am 10. Mai 1982 im Karolinska Krankenhaus in Stockholm erlag. Er wurde 65 Jahre alt. Sein Grab befindet sich auf dem Norra begravningsplatsen in Stockholm-Solna.

IV
Nach 1945

In Schweden wurde Peter Weiss 1946 eingebürgert. Ein Jahr später unternahm er im Sommer 1947 eine Reportagereise im Auftrag der *Stockholms Tidningen* als Korrespondent durch Deutschland, um aus dem zerstörten und besiegten Land zu berichten. Das aber auch befreit worden war. Seine subjektiven Erfahrungen und Impressionen bündelte er im 1948 erschienenen Prosaband *De Besegrade* (Die Besiegten). Der Zeitung selbst waren die Berichte nicht journalistisch genug, somit war sie auch nicht an einer weiteren Mitarbeit interessiert – PW selbst konnte sich nicht wie gedacht als Korrespondent in Deutschland niederlassen. (Aussage Gunilla P.-Weiss) Seine Reportagen waren zwar sehr atmosphärisch, enthielten aber kaum Fakten und waren dadurch weniger authentisch, so die Kritik.

Die Reise durch Deutschland 1947 war PWs »erstes Wiedersehen mit dem Land meiner Herkunft«. Die Verwüstung, auf die er traf, »erinnerte stetig an die unselige Politik des Faschismus. Die Menschen waren gezeichnet von einer gänzlich fehlgeschlagenen Geschichte«. Nach Bremen kehrt er zurück »in die Stadt, die mich vor langer Zeit verlor. Am Horizont liegt meine zerbröckelte Kindheit. Ich bin fremd hier. Ich kehre nicht heim, ich werde nur gegenübergestellt.« Die Stadt seiner Kindheit wirkte fremd auf ihn. Er versuchte, sich »meines Zuhauses zu erinnern. Es mußte sich hier in der Nähe befinden. Ich ging durch den Schutt der Straße, ging über den Platz auf die Domkirche zu. Die Kirche erkannte ich wieder«. Die Kellergewölbe standen entblößt in mehreren Schichten um die große Wunde, in deren Tiefe die Gräber geöffnet dalagen«. Und wo ihm Grabesluft entgegen strömte. »Plötzlich wusste ich, wo ich wohnte. Ich wandte mich um, ging die Freitreppe hinab, auf die schmale Straße genau gegenüber der Kirche zu.« *(Die Besiegten)* Halt! Der Dom mit seiner Freitreppe steht in der Altstadt am Marktplatz und war nicht so zerstört wie in seiner Wahrnehmung. Nahe der Grünenstraße befand sich in der Osterstraße die St. Pauli-Kirche mit einem Dachreiter, aber ohne Freitreppe. Sie war stark zerstört und wurde später am Neuen Markt wieder aufgebaut. Was er nicht erwähnt, ist der Bunker zwischen Weserdeich und Osterstraße, aktuell umbaut mit Wohnungen. Doch wie er letztendlich in *Die Besiegten* sagte, war »die Wahrheit dieser Vorstadtstraße kein Schutthaufen, sie ist das Abenteuer deiner Kindheit«.

19 *Zerstörung Am Deich bis Grünenstraße Luftangriff 1942. Hi: Brauerei Beck*

20 *Grünenstr. 23 heute mit Hof vom Eichamt, re*

Tatsächlich war die Alte Neustadt in einem bestimmten Radius (Hafennähe, Weserbrücken, Bahnlinie, Kasernen) nach 1945 größtenteils eine Trümmerlandschaft, Peters »früheres Leben dort nur von Ruinen und Schutt überlagert«. (Ebd.) 1942 gab es die ersten Zerstörungen, die sich fortsetzten bis zu einer flächendeckenden Bombardierung im August 1944 mit massiven Schäden. Die Packhäuser, das Haus 23 in der Grünenstraße und benachbarte Häuser waren nicht mehr vorhanden, die Schule am Neustadtswall ein Torso, ein roter steiniger Haufen. Kaum etwas war für PW wiederzuerkennen. Ein Trümmerhaufen auch die Brautstraße mit der ehemals von Ebert betriebenen Gaststätte. Nicht zerstört wurde das Eichamt in der Häschenstraße.[11]

Bei einem Besuch in der Marcusallee fand er ein unversehrtes Haus vor. Doch jetzt als Erwachsener nahm er wahr, wie groß die Bäume seiner Kindheit geworden waren »und so klein der Schuppen im Garten. Hoch wächst das Gras, verwachsen sind die Wege (...) Ich gehe durch den Garten meiner Kindheit. (Ebd.) Eine Nachbarin nannte ihm die Adresse von Frieder, seinem Peiniger. Doch suchte PW ihn nicht auf, »ich wusste, wie er war«, der hochdekorierte Offizier aus dem Krieg. (*Abwechselnd*) Tatsächlich lebte Friedrich Carl weiterhin in der Marcusallee, als Handelsvertreter, zusammen mit dem Vater. Aber nicht mehr im Haus Nr. 43, der Dienstvilla des Vaters, sondern nunmehr in Nr. 45.

Im »vollgepfropften Zug (...) reiste er von Hamburg nach Berlin, mit dem Rucksack, stehend zwischen den Deutschen, Sommer 1947, mit schwedischer Pressekarte« und erlebte ein »Wiedersehen mit der Fremde«. Er traf sich dort mit dem aus der Gefangenschaft zurückgekehrten Bruder (Arwed?). Sie gingen zum Friedhof, zum Grab der Schwester Margit. So wie Peter, war auch der Bruder »befreit von allem Banalen, doch bei ihm sind sie mit Gewalt losgerissen worden. Er verkörpert die nihilistische Beziehungslosigkeit. (...) Nicht einmal an unsere Schwester glaubt er mehr. So wie er nicht mehr an mich oder an sich selbst glaubt. (...) Stumm gehen wir zurück, stumm scheiden wir.« (*Notizbücher I*)

Es folgten weitere Aufenthalte. 1971 konnte er sich nicht mehr an die Kurze Straße erinnern, die nunmehr Papagoyenboom heißt (um an die Schützentradition zu erinnern). Zu anderen markanten Orten wie dem Technikum (Hochschule Bremen) und der gegenüber liegenden Volksschule an der früheren Großen Allee sowie der unzerstörten Chocoladefabrik Hachez in der Westerstraße gab es von Seiten PWs keine Bezüge.

Anlässlich der Aufführung von *Der Prozess* am Theater Bremen im Mai 1975 traf PW sich mit Berthold Merz und Tamina Nebelthau im Zimmer des Intendanten. (*Notizbücher II*) Merz war Kriminalbeamter geworden und lebte nun im Quartier Fesenfeld. An den er sich als ersten Freund nicht mehr so richtig erinnerte, mit dem er aber einmal kurz in Briefwechsel stand. (Vgl. *PWA 737*) In der Neustadt durchwanderten sie die Straßen und schauten: was stand wo. Am Neustadtswall stand noch eine Kaserne, der Grünenkamp war ein leerer Platz. Keine Packhäuser mehr, wohl aber das Eichamt in der Häschenstraße. Viele Lücken, auch die Schieferfabrik war nicht mehr vorhanden. »Wir wanderten noch einmal zurück, die Grünenstraße hinauf, ich muss doch versuchen, etwas wiederzuerkennen, die Brauereien, Kaiser Brauerei, Becks Bier, es waren noch die gleichen Ziegelsteinbauten, ja, hier waren wir oft entlanggelaufen. (...) Erst am Deich, unterhalb der Haake-Beck Brauerei, auf die Stephanibrücke zugehend, die neue Brücke vor der Eisenbahnbrücke, die sich auch verändert hatte, entstand ein Bild, das nicht verunstaltet war«. (*Notizbücher II/1*) Diese Wanderungen dienten PW vor allem dazu, für das geplante Romanwerk *Ästhetik des Widerstands* vor Ort zu recherchieren. Völlig außer Acht gelassen hat er bei seinen Besuchen das Realgymnasium, obwohl er einmal in dem nicht so weit entfernten Hotel am Hollersee (Parkhotel) übernachtete und auf dem Weg in die Innenstadt den Bereich Schule mit dem früheren Elefanten-Kolonialdenkmal passierte.

Doch hatte sich viel verändert: Der neu erbaute Gebäudekomplex Nr. 23 in der Grünenstraße weist mehrere Stockwerke auf und hat einen bebauten Durchgang zum Weserdeich erhalten. Noch immer gibt es die Mauer zur Häschenstraße hin. Die Grünenstraße ist verkürzt worden und geht nur noch bis zur Langemarckstraße (Große Allee). Das freigewordene Areal mit dem Grünenkamp wurde umgewidmet in Firmengelände. Die Bulthauptschule wurde nicht wieder aufgebaut, auch nicht die in der Westerstraße fast neben der Kaserne VI. Neu errichtet wurde die zerstörte Maschinenfabrik Bestenborstel, die heute zum KSB-Komplex gehört. Die ehemaligen Sport- und Exerzieranlagen wurden stark verkleinert, die Grünanlage dafür vergrößert.

Auch die Struktur veränderte sich hin zu einem nach außen einheitlich wirkenden Wohngebiet. Ein Teil des Weserdeichs und die zerstörten Straßenzüge wurden zu Wohnstraßen. Ebenso hat sich der Teil, an dem die Brauereien lagen, durch Neubauten und Neuansiedlungen verändert. Geblieben sind aktuell die Brauereien Beck's und Haake-Beck mit ihrem unverkennbaren malzigen Duft, ebenso der Kaffeeduft der Röstereien. Doch was PW sah, entsprach nicht den Bildern, die er in sich trug.

Gespaltene Erinnerungen

Erstaunlich und befremdend ist, dass PW in seinem Erinnerungswerk *Abschied von den Eltern* und den davor erstellten Typoscripten *En glasdörr* und *Abwechselnd lag der Garten* bestimmte Ereignisse ausklammert, sie wegschließt. So werden im familiären Kontext die Geburten der Geschwister nicht thematisiert. Sie sind einfach da, wobei Peter den 1924 geborenen Alexander ›verschwinden‹ ließ. Andererseits agiert er als vermeintlicher Augenzeuge wie in den Schilderungen der Kämpfe 1919. Als politisierter Chronist ergreift er Partei für die Räteherrschaft und verbindet sie mit dem sozialistischen Engagement seines Wunschvaters. Der mit ihm den Hafen in Bremen durchstreift, das damalige Städtische Museum für Natur-, Völker- und Handelskunde (Übersee-Museum) am Bahnhofsplatz besucht. Auch die Wunschmutter stammt nicht aus dem Bürgertum und wird im Proletariat verortet, wie in *Ästhetik* dargestellt.

Keinesfalls stand das Wohnhaus in der Grünenstraße zwischen Packhäusern, wohl mag es einen hohen Giebel gehabt haben. Die Packhäuser prägten zwar mit das Bild des Quartiers, tatsächlich standen in der unmittelbaren Nachbarschaft vor allem Wohnhäuser mit kleinen Geschäften. Die Spaziergänge mit Auguste werden beide wohl hauptsächlich zum Hohentorshafen geführt haben, der nahebei jenseits der Bahnstrecke Richtung Oldenburg liegt. Diesem gegenüber befindet sich auf der rechten Weserseite der eigentliche Hafenbereich mit Europa-, Übersee- Getreide- und Holzhafen. Weiter weserabwärts liegen die Industriehäfen. Hierhin werden ihn die Gänge mit Auguste eher selten geführt haben, und der Weg dorthin ging über die Kaiserbrücke und durch das Stephaniviertel. Mehrfach erwähnt PW in seinen Erinnerungen (*Abschied, Die Besiegten, Notizen II/1*) das Wiedersehen mit der Schule in der Alten Neustadt. Doch welche Schule meinte er? In den *Notizbüchern* verlegt er die mutmaßlich vom Freund Berthold besuchte Volksschule in die Brautstraße gegenüber der Grünenstraße. Doch da war nur eine kleine Vorschule. Wie oben beschrieben wurde, gab es in dem von Peter erkundetem Areal zwei Volksschulen, die beide im Krieg zerstört wurden. Auffällig ist auch, dass er zwar den tatsächlich nicht so schwer zerstörten Dom erwähnt, aber nicht die stark zerstörte St. Ansgarii-Kirche.

Der Kontakt zu Berthold Merz und seine Besuche bei ihm im Souterrain des Hauses Nr. 25 wurden zwar nicht verdrängt. Vielmehr nahm er die Begegnung mit ihm und dessen Vater in seine Schilderung des proletarischen Milieus in *Ästhetik* auf. Doch war inzwischen vieles verwischt, in der Jahre später erfolgten Begegnung mit Berthold stand ihm fast ein Fremder gegenüber, ein behäbiger erwachsener Mann, ein Polizeibeamter. Ebenso hat PW nicht seine negativen Erfahrungen mit Frieder Carl vergessen, ihn aber bei seinem späteren Gang durch die Marcusallee ›verschwinden‹ lassen.

Im religiösen Segment ist ebenfalls ein Vakuum entstanden. Das zu thematisieren passte wohl nicht in das Selbstverständnis eines Opfers, als das er sich sah. Beispielhaft steht dafür *Meine Ortschaft,* wo er sich zwar seiner jüdischen Herkunft[10] bewusst ist, dies aber nicht verdeutlicht, vielmehr sich auf seine Opferrolle fokussiert. Weder wird das Ereignis der Taufe benannt, noch Bezüge zur evangelischen Konfession, wie z. B. der Konfirmation. Es passte eben nicht zur Persönlichkeit eines revolutionären Bürgers, die er als Bild von sich kreierte. Leider befindet sich im PWA nicht die Taufurkunde, lediglich eine von Pastor Bode notierte Bestätigung der Taufe auf der Geburtsurkunde.

Dann der schulische Bereich. Zwar wird die Volksschulzeit zum Teil sehr eindrücklich mit ihren Qualen geschildert, doch findet der Übergang zum Realgymnasium keine Resonanz. Auch die Schule selbst nur vage. Ebenso nicht die nachfolgenden Jahre. Wäre er ein ambitionierterer Schüler auf einem Gymnasium seiner Wahl gewesen? Denn in *Abschied* merkt er für die Berliner Zeit an, dass er gern das Heinrich von Kleist-Realgymnasium mit einem Abschluss beendet hätte. Tatsächlich lag PWs Begabung eher im freischaffenden und freidenkerischen Bereich. Bloßes Lernen kann dann zur Qual werden. Vor allem mit dem im Hintergrund lauernden Wunsch des Vaters, ihn einmal in ein Kontor zu stecken.

Und weiter: Fuhren tatsächlich Ausflugsschiffe auf Weser, Ochtum und Delme nach Delmenhorst? Dafür dürften Ochtum und Delme nicht schifffahrtstauglich sein! Vielleicht verwechselte PW das mit Ausflugsfahrten weseraufwärts zu den Badener Bergen bei Achim oder den Kanufahrten mit der Pfadfindergruppe? Auffällig ist auch, dass er kaum die Eisenbahn erwähnt, die Geschäftigkeit der Züge, ein Faszinosum für viele Kinder. Zumal in allen Habitaten Bahnstrecken nicht weit entfernt waren. Nicht ganz klar ist zudem, ob PW tatsächlich schon in Bremen zur Pfadfinderschaft gehörte. In den Aufzeichnungen in *glasdörr* und *Abschied* vermischen sich die entsprechenden Erinnerungen, wirken einerseits klar und dann wieder nebulös.

In seinen Erinnerungen hat PW vor allem das Negative, das Bedrückende als Sinneseindrücke hervorgehoben und dadurch überhöht. Es ist zu fragen, ob wirklich alles so grausam war für ihn. Auf den hier gezeigten Fotos (→ Abb. 10 + 14) wirkt er durchaus fröhlich, ebenso die Geschwister. Keineswegs verschlossen oder niedergedrückt wie auf manchen anderen Fotos. Hingegen zeigt das Foto von 1927 (→ Abb. 18) ihn als einen selbstbewusst auftretenden Schüler. Die Erinnerungen an die Gymnasialzeit in Bremen sind ebenfalls reduziert auf die Drangsal einer auf Leistung bedachten Pädagogik. Auffällig ist, dass PW keine Interaktionen mit Klassenkameraden benennt. Auch die späteren Besuche nach 1945 negieren diese vier Jahre völlig. Auf der anderen Seite nehmen die teilweise ausführlichen Darstellungen seiner sexualisierten Träume und Fantasien einen breiten Raum ein.

Letztendlich ist festzustellen: In den Erinnerungen ging es immer um seine Befindlichkeiten. Das hatte auch bereits seine Briefpartnerin Itta Blumenthal kritisiert. Trotzdem schätzte sie ihn sehr als Mensch. (Weiss-Blumenthal) Immer wieder muss man sich bei den literarisierten Fassungen seiner Erinnerungen fragen, wo beginnt die Fiktion, wo endet das Reale. Ein gutes Beispiel dafür ist die Causa Frieder Carl, den PW sehr negativ schildert. Der selbst aber eine positivere Einschätzung gegenüber seinem Schulkameraden und Spielfreund vertrat, wie weiter unten angeführt.

Bremer Reminiszenzen

Die Spuren, die Bremen bei Peter Weiss hinterlassen hat und von ihm literarisch verarbeitet wurden, führten in der Stadt zu einer aufmerksamen Rezeption seiner Werke und seiner Person. Das wird im Folgenden selektiv aufgezeigt:

Relativ früh interessierte sich das **Theater Bremen** für die Stücke von Peter Weiss.
– 1972 hatte am 26. September das Stück *Hölderlin* Premiere.
– 1975 wohnte er am 28. Mai der Premiere von *Der Prozess* bei.
Und wie er in *Notizbücher 1971-1980* festhielt mit negativer Kritik. Was er in dem Satz »Der PROZESS wird gegen mich geführt« bündelte. Auch Karaseks Rezension im *Spiegel* war für ihn eine »Hinrichtung, durch Nackenschuss«.
– 1980 fand in der ›Concordia‹ die Bremer Erstaufführung von *Die Ermittlung* statt.
– 1988 gab es die erste Marat-Aufführung am Theater Bremen am 13. November
– 1997 folgte die zweite am 23. Oktober
– 2005 war am 11. Juni 2005 die Premiere der Oper *Inferno* von Johann Kalitzke nach dem ersten Teil aus dem Projekt *Divina Commedia* von Peter Weiss. Dieses 1964 entstandene Textkonvolut bestand aus den Teilen *Inferno* und *Paradiso* und wurde 2003 aus dem Nachlass veröffentlicht.

21 *Peter Weiss in Bremen 1982*   22 *Peter-Weiss-Straße, Bremen*

Mit der Verleihung des *Bremer Literaturpreises* 1982 am 15. Januar 1982 in der Oberen Rathaushalle Bremens würdigte die **Rudolf-Alexander-Schröder-Stiftung** Peter Weiss für seinen breit angelegten epischen Roman *Ästhetik des Widerstands* und die *Notizbücher 1971-80.* Die Laudatio hielt Christoph Meckel. Er betonte, dass für Peter Weiss das Wort Kampf eine reale Bedeutung besaß. Es »verbindet Weltanschauung, Ästhetik und Leben. Die letzten Epen waren Kampfberichte«, die ein geschlossenes Weltbild voraussetzten.

In seiner Dankesrede bezeichnete PW sich selbst als »verlorenen Sohn der Stadt«. Weiter führte er aus: »Was ich in der Neustadt erlebt habe als Kind, das war im Grunde genommen das Lebendige, das Expansive (...) Diese ganze Gegend hatte ja schon die Atmosphäre von Hafen. Sie prägte das, was später in meinen Bildern immer wieder vorkam.« Er erinnert auch an die Sögestraße mit dem kleinen Theater in einem stereoskopischen Guckkasten im Eingang zum Kontor des Vaters. Dann war da noch der Wildpark in Horn, eine Wildnis: »da gab es kleine Seen und ganz verwucherte Bäume und Büsche, es war für uns eine ganz große Waldgegend. Auch seine Sprache ist »natürlich hier entstanden«, z. B. durch den Rhythmus bestimmter bremischer Kinderreime. (Vgl. Emmerich)

Wie PW selbst darlegte, wollte er in seinem dreibändigen Werk *Ästhetik* die politische Entwicklungsgeschichte junger Männer aus dem Arbeitermilieu und deren Kämpfe gegen die faschistische Bedrohung und für die Aneignung kultureller Werte am Beispiel seines Protagonisten darstellen. — Nur vier Monate später verstarb Peter Weiss an einem Herzinfarkt am 10. Mai im Karolinska Krankenhaus in Stockholm.

Im Jahr 1983 zeigte die **Kunsthalle Bremen** vom 16. Janur bis 20. Februar die Ausstellung *Peter Weiss als Maler* mit einem gleichnamigen Katalog.

Am 15. Januar 1998 gab **Radio Bremen** in der Sendung *Ein verlorener Sohn dieser Stadt* kurze Gespräche mit Berthold Merz aus der Grünenstraße sowie Frieder Carl und Tamina Nebelthau-Jantzen aus der Marcusallee wieder:
– Berthold Merz war stolz, ein Freund vom berühmten Peter Weiss gewesen zu sein. Der nicht hochnäsig war und wie er selbst redete. Weiter bezeichnete er ihn als schmächtig und erinnerte sich an Peters Dreirad, mit dem dieser durch den Garten fuhr. Die Mutter schilderte er als freundliche Frau.
– Frieder Carl hingegen deprimierten die von PW dargestellten negativen Eindrücke. Für ihn war Peter ein fröhliches, ausgeglichenes Kind, das bei Spielen gern das Kommando übernahm und sehr fantasievoll war. Bedrückt fragte er sich, wieso dieser Hass Peters auf ihn?

– Tamina Nebelthau konnte sich nicht erinnern, Peter beim Schaukeln kurz geküsst zu haben.

Stadtgeografisch wurde Peter Weiss mit der Benennung einer kleinen Wohnstraße in der neustädtischen Gartenstadt-Süd geehrt. Doch passt das dortige Ambiente überhaupt zu ihm, der Jahrzehnte im Zentrum Stockholms und im lebhaften Södermalm gewohnt hat?

Im **Staatsarchiv Bremen** sind diese Archivalien einsehbar:
– 7,2012-757: Aufführungen von *Marat* im Theater Bremen
– 7,5284: Bremer Literaturpreis betreffend u.a.m.
– 9,S 3: Zeitungsausschnitte.

Zur Feier seines **100. Geburtstages** haben die Bremische Bürgerschaft und das Theater Bremen in einem Kooperationsprojekt Seiner schon früh gedacht. So fand am 15. Februar 2016 im Plenarsaal der Bürgerschaft eine öffentliche Lesung des Dokumentarstücks *Die Ermittlung* statt. — Darüber hinaus wurden um den 9. November verschiedene Veranstaltungen angeboten.

Stockholmer Verortungen

23 *Fleminggatan 37 (vgl. Ästhetik)*

24 *Hornsgatan, li. Nr. 29B /V hier lebte PW von 1975 bis 1982*

V
Anhang

Die Geschwister

Dokumente

Anmerkungen

Abbildungsnachweise

Die Geschwister

Arwed (1905–1991) und Hans Thierbach (1907–1977)
lebten bis Anfang der 1930er im Haushalt Weiß und gingen dann eigene Wege. Arwed war von Beruf Kaufmann, Hans Buchhändler und Bibliothekar. Beide organisierten sich früh in paramilitärischen Jugendverbänden und wandten sich dem Nationalsozialismus zu. Einer war im Luftfahrtsministerium tätig,der andere bei der SS. Darüber empörte sich Peter Ende 1938 in einem Brief an die Eltern (*Abschied*). Als Mitglied der NSDAP konnte Arwed allerdings den Umzug nach Schweden erleichtern helfen, weil sie sonst als Flüchtlinge mit entsprechenden Drangsalierungen eingeordnet worden wären. Nach dem Krieg soll er einige Zeit in der Fabrik des Stiefvaters gearbeitet haben. Beide Brüder erhielten einen Anteil aus der von ihrem Halbbruder Alexander beantragten Wiedergutmachung, da sie zur Erbengemeinschaft Eugen Weiss gehörten.

Irene (1920–2001), verh. Eklund
In Bremen besuchte sie neben der Volksschule in Horn die Remberti-Schule am Fedelhören 78 nahe der Schleifmühle, bevor die Familie nach Berlin zog. Erst nach Beendigung einer hauswirtschaftlichen Ausbildung in Brünn emigrierte sie ebenfalls nach Alingsås in Schweden. Bis zu ihrer Heirat mit Gunnar E. lebte sie bei den Eltern. Das Paar hatte drei Kinder. Später ließ sie sich zur Tanztherapeutin ausbilden. Die letzten Lebensjahre verbrachte sie schwerkrank in Göteborg. 2001 erschienen ihre Lebenserinnerungen unter dem Titel *Auf der Suche nach einer Heimat*.

Margit Beatrice (1922–1934)
In Bremen könnte sie wie Irene die Rembertischule besucht haben. Zu ihrem Bruder Peter stand sie in einem besonderen Verhältnis und saß ihm öfters Modell. Die Beziehung beider wurde und wird oft in eine inzestuöse Nähe gerückt. Ende August 1934 verunglückte sie in Berlin bei einem Verkehrsunfall tödlich. Ihr unvorhergesehener Tod traf die Familie schwer. Peter selbst empfand ihn in seiner Plötzlichkeit als Zäsur seines Lebens.

Gerhard Alexander (1924–1987)
Als jüngstes Kind war er der Liebling der Mutter und verursachte oft viele Zankereien. In Alingsås kam es zu erheblichen Schwierigkeiten in der Schule, daher verbrachte er

die letzten Schuljahre im Reform-Internat Viggbyholm bei Stockholm. Beruflich war er u. a. als Korrektor tätig, veröffentlichte aber auch einige Bücher, so z. B. *Bericht aus der Klinik und andere Fragmente*. Er war zweimal verheiratet und hatte zwei Kinder. Das Verhältnis zu Peter war sehr angespannt, wollte er doch immer das haben, was Peter hatte: Anerkennung und Ruhm (und die Frauen).

Dokumente

25 *Geburtsurkunde Peter Weiss*

26 *Taufbestätigung von Pastor Julius Bode, St. Ansgarii Bremen*

27a *Zeugnis-Bescheinigung Realgymnasium in Bremen, Ostern 1927 bis Sommer 1930*

27b *Zeugnis-Liste 1927-1929*

27c *Abgangszeugnis 30. Juni 1930*

28 *Bremer Literaturpreis 1982*

Geburtsurkunde.

Nr. 283.

Nowawes, am 14. November 1916.

Vor dem unterzeichneten Standesbeamten erschien heute, der Persönlichkeit nach _____ bekannt,

die Hebamme Emilie Götze,

wohnhaft in Potsdam, Spandauerstraße 35, _____ Religion, und zeigte an, daß von der Frau Frieda Weiss geborenen Hummel, Ehefrau des Kaufmanns Eugen Weiss, beide mosaischer Religion, wohnhaft beide in Nowawes, Berlinerstraße 146,

zu Nowawes in dieser Wohnung,

am auf ten November des Jahres tausend neunhundert sechzehn, vor mittags um sieben Uhr ein Knabe geboren worden sei und daß das Kind die Vornamen

Hans-Ulrich

erhalten habe. Die Hebamme Götze erklärte, daß sie bei der Niederkunft der Weiss zugegen gewesen sei. (Vorstehend 1 Druckwort gestrichen.)

Vorgelesen, genehmigt und unterschrieben.
Emilie Götze.

Der Standesbeamte.
In Vertretung: Peschel.

Daß vorstehender Auszug mit dem Geburts-Haupt-Register des Standesamts zu Nowawes gleichlautend ist, wird hiermit bestätigt.

Nowawes, am 16. November 1922.

Der Standesbeamte.
Peschel.

(Siegel)

Standesamt Nr. 11. *Zweite Ausfertigung.*

Gültig nur zum Zweck der Taufe.

Register Nr. *283/1916.*

Bescheinigung
über Eintragung eines Geburtsfalles.

Vor- und Zuname des Kindes: *Peter Ulrich Weiss*

Geburtstag, Ort und Wohnung: *8. November 1916 Nowawes, Inselme-Straße 146.*

Vor- und Zuname, sowie Stand des Vaters: *Eugen Weiss, Kaufmann*

Vor- und Geburtsname der Mutter: *Hinda Hummel*

Nowawes, den *22.* ten *Januar* 19*21.*

Der Standesbeamte.

Getauft am 13. Februar 1921 durch Pastor Böde-Bremen

Pastor BODE, Georgstr. 16.

Anmerkung: Das Reichsgesetz über die Beurkundung des Personenstandes und die Eheschließung vom 6. Februar 1875 bestimmt in § 82: „Die kirchlichen Verpflichtungen in Beziehung der Taufe und Trauung werden durch dieses Gesetz nicht berührt."

500.1.21. VI.Nr.1.

27a, b, c

Realgymnasium in Bremen.

Zeugnisse

für

Peter Ulrich Weiß

geb. am *8. November 1916* in *Berlin*

Sohn des *Kaufmanns Eugen W.* in *Bremen*

Konfession: *evangelisch*

Nr. im Album: *2879*

Eingetreten *Ostern 1927* in Klasse: *6b*

Ausgetreten *Ostern 1928* aus Klasse: *6b (nachgerückt nach 5b)*

In die Schule: *Bureau-Schule in Tübingen (...)*

Künftiger Beruf:

*Wieder eingetreten am 5. Sept. 1928 in Klasse 5b
Ausgetreten am 28. Juni 1930 aus Klasse 4b
in die Schule: Heinrich von Kleist – Reform-Rg.
in Berlin-Schmargendorf*

Name: Weiß, Peter

		1	2	3	4	5	6	7	8	9	10	11	12	13	14
Klasse:		6b	6b	5b	5b	5b	5b								
Halbjahr:		S.27	W.28	S.28	W.29	S.29	W/23								
Betragen:		n.2	n.2		1/2	2	2								
Fleiß:		3	n.g.2		2	2	3								
Aufmerksamkeit:		3	n.g.3		2/3	1/2	2 1/3								
Ordnung:		3	3		2/3	1/2	2								
Versäumnisse:		4 Tg	7 Tg		8 Zu	—	2								
Verspätungen:		—	—		—	—	—								
Strafen:		—	—		—	—	—								
Bemerkungen:		1/2	Zu.la 3		—	—	—								
Deutsch:	schriftlich	3	2-3		3	3	3								
	mündlich														
Französisch:	schriftlich														
	mündlich														
Latein:	schriftlich														
	mündlich														
Englisch:	schriftlich	4	3		4	3	3								
	mündlich														
Religion:		3	3		2	1/2	2								
Geschichte:															
Geographie:		3-4	3		2/3	3	2/3								
Mathematik:															
Rechnen:		4	4-5		3/4	3	3								
Naturbeschreibung:		3	3		3	3	3								
Physik:															
Chemie:															
Zeichnen:		2	2		2	2	2								
Schreiben:															
Singen: (Musik)		3 / 2-3	3		3	3	3 3 1/3								
Turnen:		2	2-3		2	2/3	2/3								
Klassenplatz:		32/37	30/35		29/31	17/37	14/37								
Versetzung:			ja		nein		ja								
Datum der Konferenz:		20.IX	15.III	20.9	15.3.	19.9.	19.3.								
Klassenlehrer:		Hofman	Hofen	Ha.	Ha.	Thurmer	Ill								

Bei den Prädikaten, mit alleiniger Ausnahme des Betragens, bedeutet: 1 = sehr gut, 2 = gut, 3 = genügend, 4
Für Betragen entspricht 1 = sehr gut, 2 = gut, 3 = befriedigend, 4 = nicht frei von Tadel, 5 = durchaus tadel

14	15	16	17	18	19	20	21	22	23	24		
											Abgangszeugnis.	
										Abgangszeugnis	Ausgestellt am:	24. III. 28
										30 Jan. 30	Betragen:	v. 2
										1	Fleiß:	i. g. 2
										2	Aufmerksamkeit:	i. g. 3
										2	Schulbesuch:	
											Bemerkungen: Für weitere Bemerkungen ist der mit Nr. 25 bezeichnete Raum auf der Rückseite bestimmt.	
									Abgangszeugnis 30 Jan. 1930	½	Deutsch:	schriftlich } 2–3 mündlich
										1	Französisch:	schriftlich mündlich
										1	Latein:	schriftlich mündlich
										½	Englisch:	schriftlich } 3 mündlich
										2	Religion:	3
										3	Geschichte:	—
										½	Geographie:	3
										½	Mathematik:	—
										½	Rechnen:	4–5
										3	Naturbeschreibung:	3
										1	Physik:	—
										1	Chemie:	—
										2	Zeichnen:	2
										1	Schreiben:	—
										½	Singen:	3
										½	Turnen:	2–3
										1	Versetzt aus Kl. VI c nach Kl. V	
										1	Datum d. Konferenzbeschlusses:	15. III. 28
										J. Bock.	Klassenlehrer: K. Hofmann	
											Direktor:	

Col 15 (vertical): *Peters Leistungen bes. in Englischen u. Rechnen sind obwohl obwohl recht vorstehlich ein Versuch mit ihnen gemacht werden. Er wird zu Michaeli 1928 auf Grund dieses Zeugnisses besuchsweise in die ? V. eingetreten ist.*

Col 16 (vertical): *Abgangszeugnis 30 Jan. 30 nach*

1 2 3 4

ügend, 4 = mangelhaft, 5 = schlecht.
rchaus tadelnswert.

PETER WEISS FÜR SEINE TRILOGIE »DIE ÄSTHETIK DES WIDERSTANDS« UND »DIE NOTIZBÜCHER 1971-80« DEN LITERATURPREIS DER FREIEN HANSESTADT BREMEN 1982

Anmerkungen

[1] Das nahe Potsdam gelegene Nowawes geht auf die Ansiedlung tschechischer Migranten zurück. Die Siedlung wurde 1759 als Colonie Nowawes gegründet mit 681 Einwohnern. Im 19. Jahrhundert entwickelte es sich zu einem wichtigen Industrieort, so z. B. ab 1852 im textilen Segment. 1917 wurde das nahe Babelsberg zur Filmstadt der Ufa. 1924 erhielt Nowawes das Stadtrecht und wurde 1938 mit der Villenkolonie Neubabelsberg zusammengelegt und zur Stadt Babelsberg. Ein Jahr später kam es zur Eingemeindung nach Potsdam. Aktuell erinnern nur noch die Straße Alt-Nowawes und das Weber-Viertel an die alte Siedlung.

[2] Als Folge der November Revolution 1918 wurde in Bremen im Januar 1919 die Bremer Räterepublik ausgerufen. Es kam zu Auseinandersetzungen zwischen KPD und USPD. Auf die veränderten Machtverhältnisse reagierte die bremische Wirtschaft mit der Einsetzung militärischer Gewalt, der Weißen Garde. In der Neustadt endeten die Kämpfe am 4.2.1919 um 18.15 Uhr. Es wurde der Belagerungszustand für das gesamte Stadtgebiet ausgerufen. Am 18.5.1920 wurde die neue Verfassung der Freien Hansestadt Bremen erlassen. Mehrere Gedenkplätze erinnern in Bremen an die kurze Zeit der Räterepublik und an die Kämpfe.

[3] Die Architektur des Bremer Hauses entstand in der Mitte des 19. Jahrhunderts als Reihenhaus und wurde bis in die 1930er Jahre beibehalten. Trotz der Reihenhausstruktur waren die Häuser unterschiedlich gestaltet, wodurch ein weniger einförmiges Straßenbild entstand. Ursprünglich war es für eine Familie geplant und gliederte sich in Souterrain, Hochparterre und Mansarde, oft kam noch eine Etage hinzu. Dadurch wurde Raum für mehrere Parteien geschaffen. Was, bedingt durch das durchgehende enge Treppenhaus ohne abgeschlossene Wohneinheiten, nicht immer konfliktfrei war.

[4] Eine der großen Unklarheiten in der Literatur zu Peter Weiss war und ist anscheinend immer noch die Konversion des Vaters. PW selbst verlegte diese in die Zeit nach Wien *(Fluchtpunkt)*, Irene um 1915 *(Suche)* usw. Doch in *Peter Weiss. Briefe an Itta Blumenthal* wird unter FN 10 das exakte Datum der mutmaßlich gleichzeitigen Taufe von PW, dem Vater und der Schwester Irene genannt. Aber es liegt im PWA lediglich eine von Pastor Bode notierte Taufbestätigung auf der in Nowawes ausgestellten Geburtsbescheinigung von Peter Ulrich Weiß vor. Also keine Taufurkunde und auch nicht die Taufdaten von Eugen und Irene. Woher stammt dann die Information? Eine entsprechende Anfrage beim Verlag Matthes & Seitz wurde nicht beantwortet. Leider ist das fragliche

Taufregister der St. Ansgarii-Kirche noch verschollen, bedingt durch die während des Zweiten Weltkriegs erfolgte Auslagerung von Archivalien des Bremer Staatsarchivs. Denn die Taufregister mussten 1933ff. den staatlichen Archiven übergeben werden, um die Taufen von Juden kontrollieren zu können.

[5] Die ab 1229 erbaute Kirche ist benannt nach dem ›Apostel des Nordens‹ Ansgar. Von hier nahm im 16. Jahrhundert die Reformation in Bremen ihren Anfang. Bis Anfang des 19. Jahrhunderts war die Gemeinde reformiert orientiert, danach lutherisch. – Der hier genannte Pastor Julius Bode (1876-1942) war seit 1908 an St. Ansgarii tätig. Wegen seiner sozialen Einstellung und seiner Predigten war er sehr beliebt, zudem aktiver Freimaurer und stramm nationalistisch, dazu Gegner der Linken und der Nationalsozialisten. Er galt als ›völkischer Protestant‹.

[6] Sie war ursprünglich eine Kirchspielschule. 1866 wurde nahe der Horner Kirche neben der Bahnlinie nach Hamburg eine vierklassige Landschule errichtet, 1900 kam ein Anbau mit zwei weiteren Klassen hinzu, später wurde das Gebäude aufgestockt. 1920 nutzte man auch Räume im nahen Mädchenwaisenhaus an der Horner Heerstraße. Möglicherweise war hier die Klasse von PW untergebracht. Ab 1929 wurde das gesamte Gebäude als Volksschule eingerichtet, die alte Schule aufgegeben.

[7] Um 1900 kam es auch in Bremen zur Gründung einer Reformschule nach den Grundsätzen des Frankfurter Schulsystems von 1892. Der Bauentwurf sah ein historistisches Gebäude im Stil der Neorenaissance vor und steht aktuell unter Denkmalschutz. Mit dem Bau wurde 1902 begonnen, und zwar auf einem Grundstück an der Gustav-Deetjen-Allee nahe dem Hauptbahnhof im Stadtteil Schwachhausen. Drei Jahre später begann man mit dem Unterricht, im April 1906 wurde die Schule als Realgymnasium Bremen eingeweiht. Von 1933 bis 1945 trug es den Namen Lettow-Vorbeck-Gymnasium nach dem gleichnamigen, in Deutsch-Ostafrika tätig gewesenen Offizier. Nach 1945 erhielt es den Namen Gymnasium an der Hermann-Böse-Straße. Böse war ein ehemaliger Musiklehrer, der von den Nazis deportiert wurde und 1943 umkam. Ab Anfang 2006 trägt es den Namen Hermann-Böse-Gymnasium, kurz HBG. Vielleicht wird auch jetzt Peter Weiss als berühmter Schüler genannt.

[8] Eine oft gestellte Frage ist, warum PW das Bremer Gymnasium nicht beim Namen genannt hat: Es hatte keinen Eigennamen und wurde nach seiner Ausrichtung ›Realgymnasium Bremen‹ bezeichnet. Wobei die Vorsilbe ›Real‹ von Peter in den Erinnerungen negiert wurde – Gymnasium hörte sich wohl besser an, ist aber irreführend. Neben dieser Schule gab es noch zwei andere in Frage kommende Gymnasien: Das Alte

Gymnasium und das neusprachlich ausgerichtete am Barkhof. Beide kamen für den ökonomisch denkenden Vater nicht in Frage. Das von PW besuchte Heinrich von Kleist-Realgymnasium in Berlin-Schmargendorf wird in der Forschung oft als Gymnasium bezeichnet, was ebenfalls irreführend ist.

[9] Ausführlichere Daten dazu in Dünzelmann, *Stockholmer Spaziergänge*.

[10] Der Vater war konvertierter Jude, die Mutter Protestantin. Doch nach mosaischem Gesetz können nur Kinder einer jüdischen Mutter als Juden gelten. Wenn also P. Weiss sich gelegentlich als Jude (A. Weiss als ›Halbjude‹) bezeichnete, hätte er zum Judentum konvertieren müssen. Oder ging er von einem gefühlten Jude-Sein aus? Tatsächlich galten die Weiss-Kinder nicht als Juden, sie selbst durften sich nach Jüdischem Gesetz auch nicht als solche bezeichnen. Erst recht dürfen Nachkommen eines jüdischen Elternteils nicht als sogenannte Halbjuden benannt werden – das ist eine Definition der Nürnberger Rassegesetze und rassistisch. Die Sichtweise Betroffener ist nicht immer eindeutig: Einige lehnen sie als rassistische Diskriminierung total ab, andere identifizieren sich dadurch mit dem Judentum oder bekunden ihre Solidarität.

[11] Im Gebäude Ecke Grünenstraße/Häschenstraße wurde im Januar 1942 ein Lager für Zwangsarbeiter der Maschinenfabrik Bestenbostel eingerichtet und später bei einem Luftangriff zerstört. Heute befinden sich dort eine Zivilschutz-Mehrzweckanlage und eine Tiefgarage.

Abbildungsnachweise

1 = wikipedia.org.George Grantham Coll.,Library of Congress, USA. Foto: unbekannt
2 = PWA 5080
3 = wikipedia.org.Foto: Dtuk (2014)
4 = PWA 5067
5 = wikimedia. Postkarte 1923, Foto: unbekannt
6 = StAB 10,B - 3467 Nr. 1. Foto: Hermann Kippenberg
7 = Postkartenmotiv um 1920. gallery detailpremium. ©frei. Foto: unbekannt
8 = LIS-ZfM. Foto: Friedrich Frevert
9 = StAB 10,B-2473 Nr. 1. Foto: Hermann Kippenberg
10 = PWA 5000
11 = M. Koppel, Chronik Horn-Lehe. Foto: unbekannt
12 = Anne E Dünzelmann
13 = StAB 10,B-AL-704 Nr. 3. Foto: August Sporleder

14 = PWA 5071
15 = Anne E Dünzelmann
16 = wikipedia.org. Foto: Verograph (talk), 2011
17 = StAB 10,B-3803. Foto: unbekannt
18 = PWA 5065
19 = StAB 4,77/1-3049
20 = Anne E Dünzelmann
21 = wikipedia.org. Foto: Dietbert Keßler
22 = Anne E Dünzelmann
23 = dito
24 = dito
25 = PWA 1629
26 = PWA 1630
27 = StAB 4,39/2-157
28 = PWA 2385

Bibliografie

Ungedruckte Quellen

BREMER ADRESSSBÜCHER
1919-1930

LANDESINSTITUT FÜR SCHULE / LIS
Zentrum für Medien.
19290819_1_03113jpg (Packhäuser Teerhof). Foto: unbekannt

PWA (PETER-WEISS-ARCHIV). AKADEMIE DER KÜNSTE BERLIN
Findbuch, Nr. 1609, 1612
1629 (Geburtsurkunde Peter Ulrich Weiß)
1630 (Bestätigung Geb.Urk. für seine Taufe)
2385 (Urkunde Bremer Literaturpreis)
5000 (Peter mit Arwed und Hans, 1924?)
5065 (PW und Mitschüler, Realgymnasium 1927)
5067 (PW mit Elefant, 1918/19)
5071 (PW mit Irene u. Margit, 1925)
5080 (Frieda und Eugen Weiß nach der Heirat 1915)

RADIO BREMEN. Archiv
0387912. Ein verlorener Sohn dieser Stadt – Auf den Spuren von Peter Weiss in Bremen von Chritine Spiess und Otmar Willi Weber, Sendung 15.1.1998.

StAB (Staatsarchiv Bremen)
2 - P.8. - X.44. 1888-1939. Register. Zu 2-ad P.8.A.19.6.1.d.2. (Bemerkungen zu den Bürgerbüchern).
4,39/2 - 157 (Realgymnasium Bremen: Zeugnisse Peter Weiß).
4,75/5 - 1373 (Handelsregister. Akten betr. Firma Hoppe, Weiss & Co.
4,77/1 - 3049 (Zerstörung Bereich Grünenstraße / Am Deich, 103. Luftangriff Sept. 1942). Foto: Walter Cüppers.
10,B - 2473 Nr. 1 (St. Ansgarii-Kirche). Foto: Hermann Kippenberg.
10,B - 3467 Nr. 1 (Woltmershauser Kanal. Sicherheitshafen/Hohentorshafen) Foto: Hermann Kippenberg.
10,B - 3803 (Sögestraße mit Blick Richtung Obernstaße 1928) Foto: unbekannt
10,B-AL-704 Nr. 3 (Bürgerpark um 1910) Foto: August Sporleder

WIKIPEDIA.ORG

Literatur

BEISE, ARND
Die fremde Stadt. Neoromantische Stadtflucht und surrealistische Rückeroberung des Stadtraums bei Peter Weiss. In: Peter Weiss Jahrbuch für Literatur, Kunst und Politik im 20. Jahrhundert. Bd. 14, 47-66.

DÜNZELMANN, ANNE E
Stockholmer Spaziergänge. Auf den Spuren deutscher Exilierter 1933 – 1945. Norderstedt 2016 (Books on Demand).

EMMERICH, WOLFGANG (Hrsg.)
Der Bremer Literaturpreis 1954-1998. Eine Dokumentation. Bremerhaven 1999 (Wirtschaftsverlag NW).

SCHMOLKE, AXEL
»Das fortwährende Wirken von einer Situation zur anderen«. Strukturwandel und biographische Lesarten in den Varianten von Peter Weiss' Abschied von den Eltern. St. Ingbert 2006 (Röhrig Universitätsverlag).
Kommentar in Peter Weiss, Abschied von den Eltern. Frankfurt am Main 2007 (Suhrkamp BasisBibliothek).

WEISS, ALEXANDER
Fragment. In: Bericht aus der Klinik und andere Fragmente. Frankfurt am Main 1978 (edition suhrkamp).

WEISS, PETER
En Glasdörr ... Typoscript 1951/52 (PWA1898) Hier: Schmolke 2006).
Abwechselnd lag der Garten. Typoscript 1953/54 (PWA 1755). Hier: Schmolke 2006.
Abschied von den Eltern. Text und Kommentare. Frankfurt am Main 2007 (1961).
Fluchtpunkt. Frankfurt am Main 1971 (edition suhrkamp).
Notizbücher 1971-1980. Erster Band. Frankfurt am Main 1981 (edition suhrkamp).
Die Besiegten. Frankfurt am Main 1985 (edition suhrkamp, Neue Folge).
Die Ästhetik des Widerstands. Frankfurt am Main 1988 (edition suhrkamp. Neue Folge).
– / ANGELA ABMEIER / HANNES BAJOHR (Hg.)
Briefe an Henriette Itta Blumenthal. Berlin 2011 (Matthes & Seitz)

WEISS-EKLUND, IRENE
Auf der Suche nach einer Heimat. Bern 2001 (Scherz).